村串栄一

JN179847

台湾で見つけた、
日本人が忘れた「日本」

講談社＋α新書
プラスアルファ

はじめに

私は中日新聞社（首都圏では東京新聞を発行）で四〇年間、新聞記者稼業に携わってきた。大半は事件取材で、それも東京地検特捜部、国税庁、経済関係省庁などが主な取材対象だった。

そんな事件記者の私が台湾を舞台にした本を書くことに、周囲は「なんで？」と首をかしげた。それも当然。それまで台湾のことなど、私はおくびにも出さなかったからだ。

しかし、動機はあった。一九九一年、初めて訪れ、それから一八年後に再訪したが、その変容ぶりに仰天してしまった。「これは、いったいなんなのか」。すぐにも秘密を解き明かしたいという衝動にかられたが、我慢。定年になるのを待った。

二〇〇九年、定年になり、東京新聞の編集委員として会社に残ったが、激職から離れ、余裕ができた。台湾通いが始まり、台湾取材に没頭した。そして「台湾の歴史、現状、風物を新しい角度から照射してみたい」と考えた。

歴史を単純に刻んできた国は少ない。他国との衝突、自国内の紛争、支配構造の込み入った転変を経験し、今日を形成してきた国が大半だ。

なかでも台湾の歴史はより複雑だ。外来政権に翻弄された過去を内蔵しているからだ。その台湾の人々が今、生き生きとしている。なぜ？　中国とも韓国とも違う、このたくましさは何か。

原住民族（先住民、この話については129ページ参照）の島にオランダ、スペイン、大陸から明《みん》朝が押し入り、清《しん》朝が「化外《けがい》の地（王化の及ばない所）」としながら支配に入った。その後、日本の手に移った。日本が敗戦で撤退すると、蔣介石《しょうかいせき》の中華民国（国民党政府）がやって来た。略奪、虐殺の暗黒時代が始まり、人々は打ちのめされた。

一九九〇年前後、やっと民主化、自由化、近代化路線のレールが敷かれた。それから現在まで、まだ二十数年である。その二十数年の間に奇跡の経済発展を遂げ、豊かな生活を実現し、独自の文化を花開かせ、世界に躍り出た。自己主張を持った〝国〟として歩みだしたのだ。

街にはいまや高層ビルが林立し、地下鉄、高速道路が縦横に走り、新幹線が開業し、ＩＴ産業が外貨を稼ぎ、若者らは明るい表情で「亭仔脚《ていしきゃく》」と呼ばれるアーケードをアイスクリーム片手に歩いている。

そうであっても、世界の多くの国は、いまだ台湾を国として認めていない。日本もそうだ。中国の属地としての考えからだ。中国の習 近平《しゅうきんぺい》政権は自国内の経済不振、政治腐敗による不人気を回復するため、台湾を呑み込む挙に出るという観測もある。

二〇一五年秋、国民党・馬英九《ばえいきゅう》総統（当時）と中国の習近平国家主席が首脳会談を開いた。

一九四九（昭和二四）年の中台分断後、初の強力接近である。そして「一つの中国」を確認した。台湾は第二の香港になるのか？「台湾人の台湾」を維持できるのか？

こうした状況下、二〇一六年一月、総統選が行われ、野党・民主進歩党（民進党）の蔡英文《さいえいぶん》が与党・国民党候補朱立倫《しゅりつりん》を破って当選した。蔡英文は台湾の自主自存を掲げ、さらなる民主化政策、所得格差の縮小などに取り組む姿勢を打ち出した。しかし、中国への対応は未知だ。独自路線を貫けるのか、現今の焦点である。

私はこの奥深き〝国〟を見るべく、中国との関係、人々の生活、ＩＴ産業、農漁業、インフラ、伝統文化、日本遺産、原発問題、尖閣《せんかく》問題など多岐にわたって実情を採取した。事件記者がジャーナリスティックな目で台湾をとらえようとした試みであり、硬軟織り交ぜたルポである。台湾探訪の一助になれば幸いである。

（台湾の固有名詞などの読み方はルビで表示した。ひらがなは日本語読み、カタカナは北京語ないし現地語読みの表記とした。漢字の繁体字〔旧字〕は、たとえば「榮」↓「栄」、「體」↓「体」のように多くは新字体を用いた。文中で台湾を「国」と表記することもある）

台湾で見つけた、日本人が忘れた「日本」◎目次

第２章　多彩な顔の台湾中部

第3章　『KANO』の中南部

台湾全図

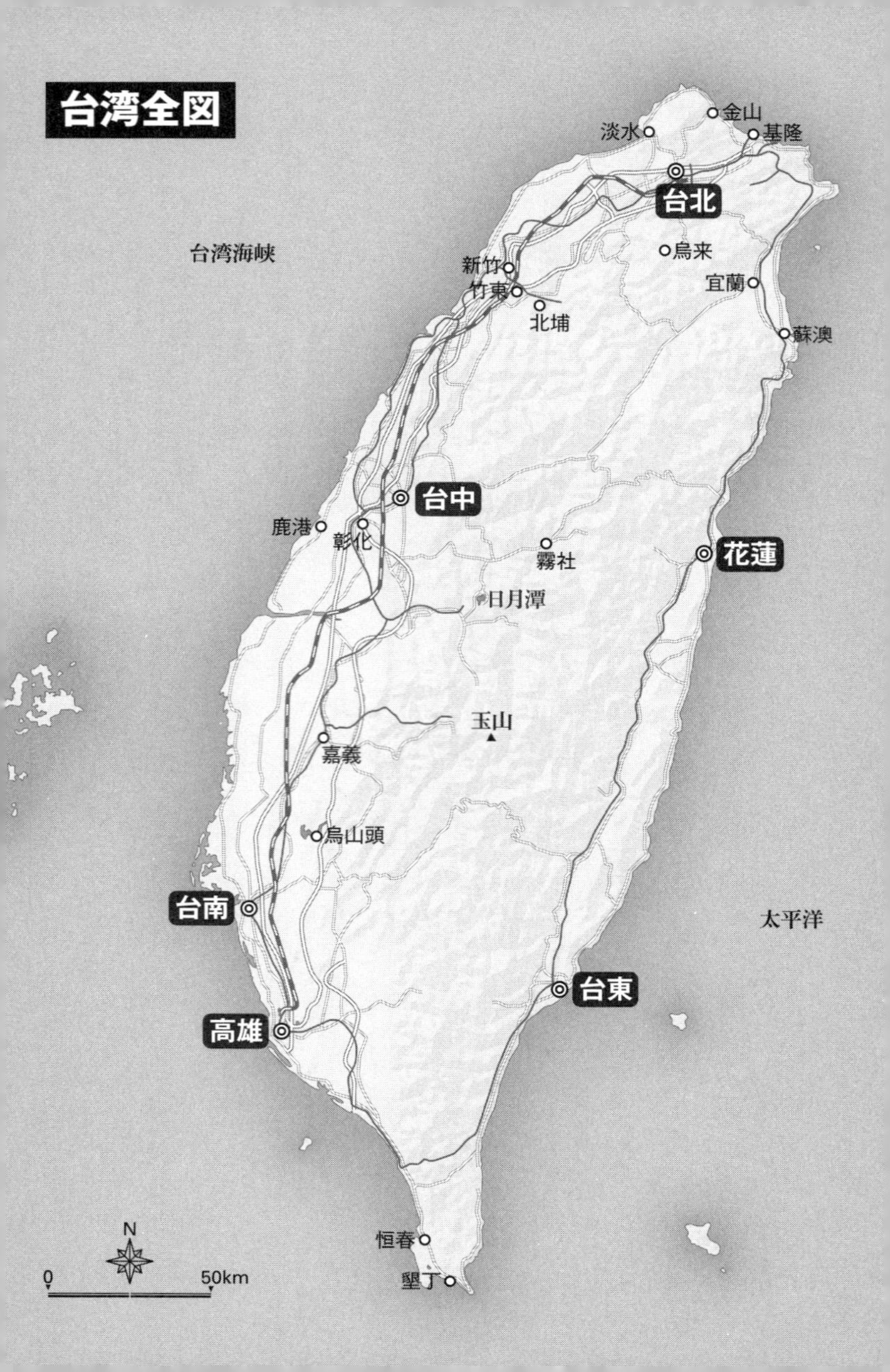

台湾全図
金山
淡水
基隆
台北
台湾海峡
烏来
新竹
竹東
宜蘭
北埔
蘇澳
台中
鹿港
彰化
霧社
花蓮
日月潭
玉山
嘉義
烏山頭
台南
太平洋
台東
高雄
N
0
50km
恒春
墾丁

第1章　台北に吹く熱風

1　オートバイ軍団の威力……台北

台湾の概要

まず、台湾の概要と中心都市・台北《タイペイ》の現在を見てみよう。

東京から台北に行くには、日本、台湾ともに各地空港からの便もあるが、羽田空港→台北・松山《ソンシャン》空港、成田空港→台北郊外の桃園《とうえん》空港がメインルートだ。およそ三時間で結ばれている。

九州よりやや小さい面積の島に約二三〇〇万人が住む。大きな都市は台北、高雄《たかお》、台中《たいちゅう》など。最近は合併でできた北部の新北《しんほく》市が人口四〇〇万人を抱え、人口規模でトップになった。

台湾は日本の南西諸島に近接し、与那国島《よなぐにじま》からは一一〇キロの距離だ。台湾の東日本大震災支援に感謝して開かれた水泳リレーでは、台湾の蘇澳《すおう》まで一五〇キロを泳ぎきった日本人もいた。

南は巴士《バシー》海峡で、その向こうはフィリピン群島。この海峡では太平洋戦争中、日本の輸送船が米国潜水艦にいくつも沈められ、「輸送船の墓場」などと言われた。中国大陸に接する台湾海峡には澎湖《ほうこ》島、金門《きんもん》島などが領島として浮かんでいる。

台湾中部の嘉義《かぎ》は北回帰線が通り、亜熱帯の風が吹いている。標高四〇〇〇メートル近い中央山脈が背骨になっており、阿里山《ありさん》の奥に鎮座するのは最高峰の玉山《ぎょくざん》。標高三九五二メートル、富士山より高い。日本は統治時代に「新高山《にいたかやま》」と命名した。

気候は「沖縄より南だから冬でも半袖で」などと油断できない。冬になると峻嶮《しゅんけん》な高山から吹き下ろす風が肌を刺す。しかし、平野部に雪が降ることはめったにない。夏は最高気温が四〇度近くになり、フライパンの上だ。そして、台風銀座の地である。台風襲来の日は学校も銀行もデパートも休みになる。

生活様式は日本と大いに異なる。わかりやすいのが葬儀だ。日本は「儀式」だが、台湾は「お祭り」なのだ。「お祭り」だから派手だ。葬送に爆竹、銅鑼《どら》が鳴り、チャルメラ、音楽隊が登場することもある。これは死者への敬愛を込めた表現とされる。台湾に日本式があふれていても、食文化、芸能、儀式など長い伝統、慣習分野では台湾に変化はない。

台湾のもう一つの特徴は多言語国家であることだ。中国南方言語を基調にした台湾語のほか客家《ハッカ》語、北京《ぺきん》語、原住民語、日本語が飛び交っている。日本にはアイヌ語、琉球語など特有の言語もあるが、全土はほぼ単一言語で、言葉のやり取りに困ることはない。しかし、台湾では家庭内でも世代の違いから会話が成立しないことがあるという。過去、成立国家は言葉で民をまとめようと、言語の統一を図ったが、台湾にいまはそんな強い動きはない（日本統治時代の日本語、国民党時代の北京語の強要はあった）。「バラバラ」が、また、それぞれの言語人種を切磋琢磨して活力になっているのかもしれない。

近代都市・台北

台北は近代都市だ。高層ビルが林立し、ホテルもシェラトン、日航、オークラ系列が進出し、繁華街のデパート、有名飲食店には若者、家族連れがあふれている。都市労働者の給料袋は次第に膨らみ、それでいて物価は日本より安い（最近は上昇気味だが）。地下鉄の初乗り運賃は二〇元、日本円でおよそ六〇円（レートに変化あり）。また、たとえば、東京都心から成田空港までタクシーを走らせれば二、三万円かかるが、ほぼ同じ距離の台北市内から桃園空港までは四〇〇〇円から五〇〇〇円ほどで済む。

台北の活力はオートバイ軍団に見ることができる。オートバイは北京語で摩託車《モートゥオチョー》。台湾では機(机)車《チーチョー》だが、オートバイで通じる。機車には「鬱陶《うっとう》しい上司」、「面倒な奴」などの意味もあるらしい。

朝夕の出勤、帰宅時には黒いオートバイ軍団が街中を駆け抜ける。雨でもレインコートをまとい、家族を後ろに乗せ、軍団に乱れはない。IT関係、家電関係、金融関係、中小製造会社などの勤め人だ。オートバイがこの国を支えているのかもしれない。

二〇一五年夏、台湾は、電動スクーターの充電時間が不要な電池交換式システムを開発した。ベンチャー企業「Ｇｏｇｏｒｏ」が販売する「スマートスクーター」で、充電電池の装着機能を

台北のオートバイ軍団

有している。電池ステーションで満タン電池をスクーターに嵌《は》め込めばOK。電気自動車もそうだが、充電に時間がかかる。その解消が狙いだ。さすがオートバイ軍団の地の発想だ。

日本の技術は信仰レベル

いまやIT大国に変貌した台湾。経済、技術発展の裏にはインフラ整備に尽くした日本の姿が見える。台湾人にとって日本の技術は信仰レベルに近い。家電、自動車、鉄道、原発、ダム。ほとんどが日本技術に由来する。ただし、IT関連技術は台湾の得意分野で、日本は後れを取っている。

台北に猫空《マオコン》という丘陵の景勝地がある。鉄観音茶《てっかんのんちゃ》の産地だ。ロープウェーが観光客を運んでいる。行ってみた。台北駅からMRT（捷運《しょううん》、地下鉄）で忠孝復興《ちゅうこうふっこう》駅まで行き、文湖《ぶんこ》線に乗り換《か》えて、終点の動物園駅で降りた。この近くからロープウェーのゴンドラに乗ると、急峻な山坂を登り下りし、途中で九〇度に曲がる駅もあり、スリル満点である。一緒になった台湾人乗客がいう。「日本製だから安心ですよ」。二五分ほどで終点の猫空駅に到着した。力が抜けた。一帯は茶畑だ。沿道にお茶屋さんが並び、一服して眼下を眺めれば「台北１０１ビル」が遠望できる。夕景がいい。

台北１０１ビルは超高層ビルだ。二〇〇四年に開業し、地上一〇一階建て、高さ五〇九・二メートル。台北で迷子になってもこのビルが北極星になるといわれている。ドバイのブルジュ・ハリファビルに抜かれるまでは、高さ世界一のビルだった。展望台に上る高速エレベーターは東芝製。台湾人は「世界最速だよ」と胸を張り、自国産のように自慢した。

二〇一三年五月、台北１０１ビル内で式典が行われた。東京スカイツリーとの友好締結式だ。自立式電波塔としては高さ世界一の東京スカイツリー（六三四メートル）と台北１０１ビルが、観光友好関係を深めようとする催しだった。

私は新聞記者として取材した。台北１０１ビル側から宋文琪《そうぶんき》代表、スカイツリー側から鈴木《すずき》道《みち》明《あき》社長（東武タワースカイツリー株式会社取締役社長。取材時）らがあいさつし、双方で観光企画、イベントを展開していく運びとなった。

2　翻弄された歴史……台北

遺跡に刻まれた歴史を見る

国立台湾博物館の児玉・後藤記念室

近代都市に変貌したとはいえ、台北には歴史文物、過去遺産がたくさん保護・保存されている。どっしりした四角い構えの台北駅舎は赤い屋根が広がる石造建築だ。地下からは在来線（台鉄）、台湾新幹線（高鉄）が発着している。画一化された日本の駅舎とは違って古典美を残している。

有名な台北の国立故宮博物院はいつも観覧客であふれている。古刹・龍山寺《りゅうざんじ》は太平洋戦争時に米軍の空襲で被害を受けたが、堂々とした風格を今に残している。境内では若者が熱心に跪拝し、ボランティアのお年寄りが日本人参拝客に日本語で説明している。武将関羽《かんう》を神格化して祀る行天宮《ぎょうてんぐう》も香を焚く人が絶えない。蒋介石時代の殺戮《さつりく》、暴虐事件である「二二八《ににはち》事件」を伝える二二八和平公園は、昔の騒乱をよそに池の水鳥が静かに舞っている。公園近くの日本統治時代に建造された総督府（現・総統府）は、ここも米軍の爆撃を浴びたが、修繕を加えて今も昔の姿を維持している。各所に日本の戦争で巻き添えになった痕跡が残り、蒋介石時代の暴政に苦しんだ歴史が刻まれている。

駐日台湾大使館に当たる台北駐日経済文化代表処（国交がないので大使館とは言わない。東京・白金台）の台湾文化センター（東京・虎ノ門）でセンター長を務める朱文清《しゅぶんせい》さんはこう語る。

「台湾に行ったら二二八和平公園と国立台湾博物館を見てください。かつて、台湾統治の責任者だった児玉源太郎《こだまげんたろう》・後藤新平《ごとうしんぺい》の銅像があります。蒋介石総統時代はおおやけに陳列できなかったのですが、今は二人の像が館内に並んでいます。故宮博物院とはまた違うものがいっぱいあります。日本人にはぜひ観ていただきたい博物館です」

国立台湾博物館は二二八和平公園内に建てられている。ギリシャ風円柱、ドーム型屋根、内部のステンドグラスなど洋風仕様を採り入れた建築物だ。日本の統治初期、児玉源太郎は第四代総督として赴任し、後藤新平は民政局長（のちに長官）として台湾に渡った。二人は台湾行政、経済体制、インフラ整備の基盤をつくった。台湾の礎《いしずえ》を築いた人物として今も多くの台湾人にその名を知られている（もちろん、統治のための抑圧策も講じたが）。

台湾総督府は明治末期に南北縦貫鉄道の開通記念として台湾総督府博物館を設立し、その後、二人の業績を顕彰する記念館を公園内に新設、博物館を移設した。戦後になって国立台湾博物館に改称された。そこに台湾人は、支配国だった日本人の銅像を残し、業績を讃えている。どう考えればいいのだろう……。

「台湾人」はどこから来たのか

台湾の歴史を振り返ろう。南方からやって来た原住民族↓中国大陸からの漢族移住↓オランダ（東インド会社）による台湾統治↓スペインの北部占領↓明の鄭成功《ていせいこう》がオランダを駆逐して支配↓その後、清朝の手に↓一八九五（明治二八）年、日本に割譲↓日本の敗戦で国民党支配下に↓民主化が実現し、国民党、民進党などが政権を争う現在になった。

かいつまんだ台湾の歴史だ。いったい、この国の主は誰なのだろうか。原住民か、中国・福建省などから渡ってきた閩南《ビンナン》人（福佬人）か、客家《ハッカ》人か、蔣介石が率いてきた中華民国・国民党一派か、あるいは中華人民共和国か。

現在の台湾居住者間では融和が進み、ほぼ「台湾人」となり、安定しているように見える。しかし出身別による争い事がないわけではない。外省人（国民党時代になってやって来た中国人とその子孫）と本省人（元々居住していた大陸人とその子孫）が立場を異にする。中国との距離をめぐり、政治の世界では今でもつばぜり合いが演じられている。

かつて、中国では眠れる獅子と言われた清朝が衰退し、日清戦争に負けた清朝は日本に台湾を割譲した。清朝は元々台湾を所有価値のない「化外の地」として統治を持て余し、日本に譲ったのだ。日本も台湾経営に乗り気でなく、イギリス、フランスに売却する考えもあったとされる。

それでも日本は膨脹作戦を展開するに際して拠点になりうるという考えや、サトウキビ、石炭などの産物が収入になるとみて、割譲から一〇年後に本格統治に乗り出した。ここに支配・被支配の関係が生まれた。

日本の統治

進台した日本政府はまず、鉄道、道路、港湾、教育、衛生、通信などのインフラ整備に乗り出した。上下水道などは日本より先を行くほど整う街もできた。治水・利水により米の生産力は格段に上がり、製糖業も増産に沸いた。石炭は日本に、砂糖などは海外に輸出した。その結果、日本にとって台湾はカネのなる木になった。慈善事業ではなかった。殖産興業の奨励は儲けを日本に還流させるためだった。

日本は教育を通じ、住民の日本同化政策を進めた。抑圧に頼ることもあったため原住民による抗日運動が多発した。一九一五（大正四）年には台南付近で「西来庵《せいらいあん》事件」という最初の大規模な蜂起があって、「タパニー事件」とも言われた。「霧社《むしゃ》事件」という反乱もあった。一九三〇

（昭和五）年、中央山脈に住むセデック族などが起こした事件で、双方に多数の死者を出した。

日本の統治に圧政、弾圧、強制がなかったわけがない。しかし、いま南部の古老は日本時代を懐かしみながらこう語る。「日本時代はよかった。みな優しかった。学校や鉄道をつくってくれた」と。イギリス、オランダなど収奪を目的とした植民地経営とは異なる統治を施したのもその理由と思われるが、戦後訪れた暗黒時代と比較してのことにちがいない。

国民党の統治

「犬が去って豚が来た」

日本は終戦と同時に台湾を去った。そのあと蔣介石の国民党軍が中国大陸での国共内戦に敗れ、遁走して台湾に上陸した。台湾の人々は、最初は日本のクビキから離れられ、自主自立が可能になると歓迎し、「光復」と表した。しかし、訪れたのは暴政、粛清、虐殺、言論封じ、戒厳令だった。白色テロ時代の幕開けだった。人々は息苦しい沈黙の歳月を強いられ、ここで日本時代を思い起こしたのだ。豚はむさぼり喰うだけだが、犬は吠えても規律はきちんとしていた。「犬のほうが良かった」と。

それからしばらくして日本も米国も大陸と国交を結び、台湾を見捨てた。しかし、米国は防共支援で国民党台湾に巨額援助を与え、国民党の強気を支えた。その米国も国民党の非民主的行動を見かね、一九八五（昭和六〇）年、レーガン大統領や議会が民主化推進の圧力をかけた。一九八七（昭和六二）年、三八年ぶりに戒厳令が解除された。日本がバブル景気に踊っていたころである。

その後、国民党籍ながら客家人である李登輝《りとうき》が総統に就任し、民主化路線が敷かれた。言論規制がなくなり、自由、民主、近代化を享受できる〝国〟になった。

3 〝運ちゃん〟と呼んで……台北

飛び交う日本語

台湾のタクシーは日本に比べ、安くて便利だ（二〇一五年秋に値上げした）。私もよく利用する。タクシーの運転手さんの呼称は北京語で「先生」「司机」である。しかし、あまり、しっくりこないので、乗ったついでに運転手さんに尋ねてみたことがある。

「運匠（将）大哥（運ちゃんお兄さん）と呼んでほしいな。それが一番の尊称だよ」

「運ちゃんは日本では蔑称になるんですが……」

「いや、運ちゃんがいい」

原住民のなかには部族間の会話に日本語を用い、家庭でお年寄りは「おい、お茶！」なんて言う意思伝達もあるという。強制された日本語学習だが、戦後は国民党政府が北京語習得を課し、台湾語教育を禁じた。中国南方言語に発した母語・台湾語は影が薄れ、「それなら、いっそ慣れ親しんだ日本語で」という家庭や原住民も多かったというのだ。

言語は国の顔である。現在は北京語の簡体字を排除し、繁体字を大事にしようという声が大きくなっている。教育現場にもっと台湾語学習を復活させようという運動も高まっている。その一方、台湾語を「閩南語《ビンナン》」の呼称にすべしという考えも出ている。後者を採用することは中国の一部の言語を使う人々ということになる。台湾は中国の一部ということに転じる。馬英九政権時代の中国へのへつらいと独自性尊重を天秤にかけた、ぶれた施策だ。

ちなみに台湾の現在の人口構成を見ると、総人口は約二三〇〇万人。出身別では、主に台湾語を母語にしている本省人が一六〇〇万人、客家語の客家人三四五万人、主に北京語の外省人が三〇〇万人、原住民語の原住民が四五万人となる。それぞれで同化現象があるため、正確な数字にはならない。

日本統治時代に覚えた日本語はまだ相当生き残っている。言葉と並行して台湾には多くの「日本スタイル」が入り込んでいて、そこでは日本語が飛び交っている。支配国だった日本への抵抗感は若者たちには表面上あまりなさそうだ。

食を支える屋台文化

台北のフードコート、デパートの食堂街などには日本の外食産業がいくつも出店している。回転寿司、吉野家の牛丼、大戸屋の鯖焼き定食などが人気で、店内はいつも大賑わいだ。台北人は、朝食を地下鉄駅の入り口付近にあるうどん屋でかきこんでいく。昼はコンビニ、夕食は家族一緒に夜市の屋台かフードコートに出掛ける。屋台なら一人一〇〇元（約三〇〇円）前後で腹を満たすことができる。買い物も屋台や朝市で購入する人が多い。量り売りの店も多い。気をつけたいのは一斤が六〇〇グラムであることだ。中国は一斤五〇〇グラムだが、台湾は六〇〇グラム。日本が六〇〇グラムなので、その影響だ。

屋台で有名なのが台北の士林《しりん》夜市。台北駅から地下鉄淡水《たんすい》信義線で一〇分ほどの剣潭《けんたん》駅で降りれば目の前だ。かつては駅前商店街の路上に並んでいたが、今はビルの地下に移動し、近代的装いと雑然が同居している。

最近は、中国大陸の観光客が大挙して訪れ、品定めもせず、値段も構わず、買いあさり、食べたりしていることから、地元メディアは「高値を吹っ掛けている店も見られる」と指摘している。値上げは台湾人の日常の食生活にも及んでくることから、問題になっているそうだ。

夜市は士林だけではなく、全土の主要都市で開かれている。台湾人の食生活にとって屋台は欠かせない存在なのだ。おでん、お好み焼き、焼き鳥、刺身など「日本」的な食も並んでいる。豊かな食材だ。台湾の海、山、田畑の恵みがそれを可能にしているのだろう。自宅で炊事をする習慣が希薄で、厨房のない家も少なくないという彼らの胃袋は、外食文化、屋台文化で支えられているようだ。

4　日本が奪取した台湾新幹線……台北～高雄

敬老割引があった台湾高速鉄道

南下して高雄方面に向かうには、在来線鉄道、高速バスもあるが、時間の節約のためここでは台湾新幹線を利用したい。台湾新幹線と言ったが、この言い方、現地では通用しない。台湾高速鉄道、略して「高鉄」という。英語表記では「ＴＨＳＲ」、Ｔａｉｗａｎ　Ｈｉｇｈ　Ｓｐｅｅｄ　Ｒａｉｌ。財閥企業などの民間資本で建設し、一定期間後、公共に移管する「ＢＯＴ」方式によって運営が始まった。在来線は台湾鉄路管理局の運営で「台鉄」と呼ぶ。

まず、台北駅で高鉄の切符を購入する。窓口に人は並ぶが、処理はスピーディーだ。自動券売機も多数設置され、乗車列車、行き先、人数などをタッチする。現金かカードかの支払い方法を聞いてくるので選択して入金すればオレンジ色の切符が出てくる。台北ではコンビニにも自動券売機が設置されている。扱いがわからなければ店員さんに聞けばいい。一、二分で出てくる。これは便利だ。

複雑な経路の切符を購入するため、窓口に並んだことがあるが、「六五歳以上の方ですか」と聞かれた。「はい」と言ったものの、乗車拒否でもされるのかと思っていたら、「それなら高鉄は半額です」と言う。年齢確認にパスポートを見せ、半額の敬老割引切符を渡された。いい制度だったが、二〇一四年夏、外国人は対象外になってしまった。

改札で切符の表面を上に入れるとはじかれる。裏を上にして挿入するのが正しい。これはシステムの失敗なのか意図があってのことなのかわからない。ホーム地下には白を基調にオレンジ色のラインが入った車体が待っている。車内のデザイン、座席形式、運行情報モニターは東海道・山陽新幹線と全く同じである。車内販売のワゴンも日本式に通路を行き来するが、なぜかアルコール類は売っていない。

列車は時速三〇〇キロ以上を出す。台北駅―左営《さえい》（高雄）駅間は約一時間四〇分。日本統治政府は主要貿易港である基隆《キールン》―高雄間を結ぶ南北縦貫鉄道を建設し、全線を開通させたが、当時は六時間を要した。隔世の感があろう。

台北駅―高雄駅間は三四五キロ、東京駅―名古屋駅間とほぼ同じ距離にある。取材時（二〇一五年）で片道運賃は一五〇〇元前後（およそ五〇〇〇円）だった。

国際入札でしのぎをけずる日本と欧州

高鉄は二〇〇七年三月に本開業したが、そこに至るまでは紆余曲折があった。

台湾政府は南北高速鉄道建設の事業者選定で国際入札方式を取った。最初に欧州勢が手を挙げた。ＴＧＶ方式のフランスと、ＩＣＥという高速鉄道が自慢のドイツだ。

同じ国際入札方式を取った韓国では日本新幹線を選択せず、フランスＴＧＶ型を採用し、二〇〇四年から部分開業した。しかし、韓国高速鉄道は専用線と在来線が乗り入れし、ポイント、カーブが多く、事故が頻発したため、ＴＧＶへの韓国民による信頼は損なわれ、「やはり、本当の新幹線は日本」という声が出るほどだった。

台湾では欧州連合に抗し、日本勢も雪辱戦として名乗りを上げた。東海道新幹線のＪＲ東海は、それまで新幹線技術の海外輸出に積極的ではなかった。相手国が事故を起こした場合の補償や外国人による管理・運営に懸念を抱いていたからだ。協力するなら車両、軌道、運行、信号、保守、管理を一体で請け負うのが条件だった。ＪＲ東海は日本政府、関連産業界の要請もあって、「条件を満たすなら」とひと肌脱ぐことを決めた。ＪＲ西日本も同調した。

事業取得を急ぐ欧州勢は台湾政府、台湾財界に働きかけた。強豪日本の登場に欧州勢は仏独で連合を組んだ。ＴＧＶが車両を、ドイツが軌道、架線、システムなどを担当する混成部隊として売り込んだ。

日本はJR東海のほか三井物産を幹事社に三菱重工業、川崎重工業、社団法人海外鉄道技術協力協会が反攻に出た。台湾では財閥グループ「中華高速鉄路連盟」と「台湾高速鉄路連盟」が事業の奪い合いを繰り広げ、前者とは日本が、後者とは欧州連合が組んだ。

こうしたなか、台湾は欧州連合の安価なコストに魅《ひ》かれ、また、フランスから戦闘機購入で借りがあったことなどを斟酌《しんしゃく》し、欧州連合に内定を与える方向になった。一九九〇年代、台湾は欧州型の採用を決めつつあった。

しかし、日本勢はしぶとかった。政変、財閥の力関係の変化を読み、懸命にその筋に働きかけた。日本新幹線の威力を知らしめる好機という野心も潜んでいたからだ。

そんなころの一九九八年、ドイツ・ICEが大事故を起こした。ICEはシーメンス、ボンバルディアなどの企業が威信をかけて開発した花形列車だ。しかし、ハンブルク南のエシェデという駅手前で脱線し、一〇〇人余が死亡した。「エシェデの悲劇」である。

台湾政府はこうした出来事を懸念、欧州連合に難色を示し始めた。決定的だったのは一九九九年九月に起きた台湾中部大地震だった。建設ルートはまさにこの地にあった。日本は地震、豪雨、台風に強い日本新幹線を強力にアピールした。早期地震検知警報装置（ユレダス）を導入していた日本に対し、欧州側は防御策が薄かった。何よりも、東海道新幹線の死傷事故ゼロ記録が台湾側の心を動かした。

日本仕様の台湾新幹線

政治情勢も作用した。日本に好感を持つ李登輝政権から民進党に移る時代で、これも日本側に有利に展開した。

こうした経緯を経て、最終的に日本新幹線の逆転採用が決まったのだ。ここに日本新幹線の海外初移出が実現することになった。

二〇〇〇年から順次着工にこぎつけた。ところが、欧州勢は黙って引き下がらなかった。部分参入を求めてきたのだ。台湾は一部の工事参加を許容した。運行のすべてを一体的に構築するのが最大の安全確保と考える日本側にとって、厄介な問題だった。日本は軌道基盤、軌道、車両本体などを担当し、欧州連合は分岐器をドイツが、列車無線などをフランスが請け負う分担になった。

しかし、案の定、運行・管理の要員間における言葉の問題や券売機システムのトラブル、運転士の教育問題などが生じ、混乱のなかで事業は推進されていった。結果、二〇〇五年の開業予定は大幅に遅れ、二〇〇七年一月にようやく、台北駅の一つ先の板橋《いたはし》駅から仮営業し、同年三月に台北駅から正式開業する顚末となった。

正式開業後もいくつかのトラブルはあったが、しばらくして混乱は落ち着き、発着時間は九九パーセント以上の正確さを保ち、乗客をスムーズに運べるようになった。

車両は欧州のプッシュプル型（機関車型）ではなく、動力分散型の日本の七〇〇系改良型が投入された。路線は専用線で、ほとんどが高架かトンネルのスラブ軌道だ。高速走行と安全確保が可能になった。南北交通の利便性は高まり、さらに台北駅から台北東郊外の南港《なんこう》まで延伸工事が行われ、開業した。

伸びない乗客数

いま、高鉄の問題は「運賃が高い」ことだ。台北駅―高雄駅間は五〇〇〇円前後。ほぼ同じ距離の東京駅―名古屋駅間が一万円余だから、まだ安いとは言える。しかし、高速バスは高速道路の整備もあってスピードアップし、料金は高鉄の三分の一ほどで、さらに格安運行も出ているため、高鉄と競合している。帰郷の学生、出張の勤め人らは高速バス利用者が多い。

もう一つの難点は、高鉄は東海道新幹線の新横浜駅と在来線横浜駅のように市街地と離れている点だ。台湾にはシャトルバスがあるものの、三〇分以上かかるところがほとんどである。

こうしたことから乗客数は思うように伸びない。私は何回も利用したが、満員列車に遭遇したことはない。二〇一五年一月、台湾の新聞は高鉄特集を組み、巨額の借金を抱えた高鉄の財政危機を訴え、破産もあり得ると警告した。

鉄道当局は二〇一五年一二月、苗栗《びょうりつ》、彰化《しょうか》、雲林《うんりん》の三駅を新設した。高鉄駅と在来線駅の接続路線も新設中で、新竹《しんちく》など一部で実現し、集客率アップに躍起になっているところだ。

〈ミニ情報〉台湾の若者気質

再びタクシーの話である。台北でタクシーに乗り「この店に行ってほしい」と言ったら「へい」と発進。ところが、店の近くなのだろうが、同じ道をぐるぐる回りだした。距離を稼ぐつもりかと思い、「なぜ同じ道を通るのか」と聞くと、「店がどうしても見つからない」と言う。「じゃあ、ここで降りる」と言うと、「すみません、見つけられなくて。運賃はいただきません」と言う。誤解だった。もちろん、料金は払った。

昔は雲助タクシーも多かったという。今は規則が徹底しているらしく、料金をふっかけられることはない。遠距離になると「メーターで行くか、それとも倒して行くか」と聞かれることがある。台北と台中の中ほどにある新竹・南園という庭園に行ったとき、行きはメーター、帰りは倒して行ったら、後者のほうが安かった。規則がどうなっているのか、運転手さんの儲けがどうなのかはわからない。

こんなエピソードもある。私が台北の地下鉄・文湖線で吊り革にぶら下がっていたら、遠くの席から若者が駆けつけてきて、私の腕をつかんで「座ってください」とひっぱる。老人扱いされたが、ありがたく座らせてもらった。台湾の地下鉄には「博愛座」という優先席がある。込んでいてもこの席に座る若者はいない。どこかの国とは大違いだ。

第2章　多彩な顔の台湾中部

さて、台湾の豊富な食材産地、経済発展の奇跡の地、歴史の街、日本遺産などを訪ねるため、台北をあとにして、西岸すなわち台湾海峡側を通り、南下することにしよう。

1　ITとシェラトンホテル……新竹

民主化と経済成長

蔣介石の息子である蔣経国《しょうけいこく》政権のとき、米国政府が民主化を勧告し、蔣経国は受け入れざるを得ず、民主進歩党（民進党）の結党を許容し、戒厳令を解除した。そして蔣経国の急死により李登輝が登場し、台湾に春が巡ってきた。民主化は経済成長を促す起爆剤となった。

蔣介石の国民党政権が入台して人々は極端なインフレ、経済疲弊、収奪に泣いた。「もの言えば脣寒し」の時代だった。人々は政治を離れ、経済に目を向けた。日本統治時代に培われた技術力、勤勉思想、インフラ整備が功を奏したのだろうか、農業生産力を高め、中小製造企業が興り、力を蓄えた。暗黒政治はともかく、「蔣介石が国を強くしてくれた」と評価する声もある。蔣経国も大陸反攻をあきらめ、経済力をつけようと重工業、製造業、ハイテク企業、農漁業などを育成し、これに台湾の行く末を託そうとした。

その後の民主化の到来が、経済成長を加速させ、高付加価値のハイテク産業を中心に〝自力更生〟の道を歩めるようにしていった。観光産業収入も右肩上がりに増えた。奇跡の経済成長である。曲折はあるが、輸出産業は潤い、人々の生活は豊かになった。

新開地・新竹

台北駅から高鉄で新竹駅に向かう。およそ三〇分。そこから無料シャトルバスに三〇分揺られ、市街地の在来線新竹駅に着いた。在来線の新竹駅舎は威風堂々とした建物で、日本統治時代に松ヶ崎万長《まつがさきつむなが》という建築家が設計し、一九一三（大正二）年に完成した。石造りの重厚な築営で、構内は昔の上野駅のように薄暗い。その暗さが重厚感を醸している。二〇一五年、JR東日本の東京駅と姉妹駅協定を結んだ。東京駅は辰野金吾《たつのきんご》の設計だが、新竹駅完成の翌年に開業した。風格は両者譲れない気高さを示している。新竹駅は駅前にも風情がある。かつての日本時代の線路転換設備が保存され、その公園で子どもたちが鉄路を跨いで遊んでいる。柳が枝垂《しだ》れる疎水の流れも趣がある。

新竹には高級ホテルのシェラトン（喜来登大飯店《シイライドゥン》）がある。駅からタクシーで一〇分ほどのところだ。商店街の灯りが薄れた新開地である。観光バスが横づけされているわけではない。ホテルにはネクタイを締めた欧米、東南アジア、アフリカなどからのビジネスマンがチェックインしている。バーでは英語が飛び交い、何やら商談に没頭している。

新竹周辺はアジアのシリコンバレーと言われるＩＴ産業地帯。いまや世界的なＩＴ基地となっている。各国から技術者、商社マンらが訪れ、その宿舎がシェラトンなのだ。

また、新竹にはいくつもの工業団地が生まれている。新竹サイエンスパークには多くのベンチャー企業が集まり、新製品の開発研究に取り組んでいる。液晶、半導体などの受託生産会社を中心に企業数は五〇〇社以上にのぼる。半導体の世界的メーカーＴＳＭＣ（台湾積体電路製造）や米国企業、日本のシャープ、ＨＯＹＡ、信越化学工業なども進出している。

新竹郊外にはＩＴ産業の工場、倉庫といった建物群が畑地に点在している。輸送用トラックが砂塵を上げ、出入りしているが、建物内からは物音ひとつ聞こえない静かさだ。ここがＩＴ基地かと思えるほどの熱気は外部に伝わってこない。鉄工所ではないからだ。

台湾人にとって花形の職場はＩＴ関係で、この地で働くことが夢なのだ。高鉄に乗っていると、隣の席の台湾人が北京語で話しかけてきたことがあった。「新竹からの帰りです。日本の日立関係企業に勤めています。今、日本語の資料を読んでいますが、これはどういう意味でしょうか」。熱心に勉強している。夢はベンチャー企業を興すことだと言う。ＩＴ力の源泉だ。

ＩＴ産業の裏で

台湾経済を牽引してきた中小製造企業は、最近は減衰傾向にある。ＩＴなど労働節約型産業に推移し始めているからだ。中小企業はまだ全企業の九〇パーセント以上を占め、機械、家電、電子関係部品などモノづくりで経済を下支えしている。しかし、ハイテク産業の収益力、国際競争力にはかなわない。労働人口はIT企業、サービス産業に移行し、その結果、中小企業の活力が削がれ、さらに、失業問題が生じているという状況にある。

農業もまた、後継者不足にある。スマートな職場を求め、子弟が都会に出て行ってしまうのだ。米、麦、蔬菜《そさい》類、砂糖、南洋果物など農産物の生産量は細りつつある。国民党政権初期の国内総生産（GDP）に占める農業生産は三〇〜四〇パーセントあったが、ここ近年は大幅に落ち込んでいる。農業から他産業へのシフトは日本がたどった道と同じである。

高まる生活水準

二〇一四年前後にまとめられた統計を基に経済全体を見てみよう。

世界貿易機関（WTO）の報告などによると、二〇一二年現在で、台湾は世界一七位の輸出国となり、輸入のほうでも世界一八位にある。外貨準備高は世界四位。輸出先のトップは中国（香港を含む）で、全体の四〇パーセントを占める。次いでASEAN諸国、米国、EU、日本、韓国と続く。日本は六〜七パーセントほどだ。輸入先は日本が一八パーセントに上る。後続は中国、中東、ASEAN諸国、米国などだ。

経済成長を可能にしたことで、一人当たり購買力ベースのGDPは世界一九位に上昇し、ドイツ、英国に近接している。一世帯当たりの平均月収は、都市生活者で日本円にして三〇万円前後だという（共働きが多い）。自宅を構え（都市部では戸建ては少なく、マンション形式が多い）、家電製品を揃え、オートバイを自動車に替え、高い生活水準を可能にしている。可処分所得で海外に旅行する人も急増している。

二〇一二年の「台湾観光」資料によると、台湾人の出国先トップは中国で、年間約二六〇万人が出掛けている。これは当然で、多くの台湾人の〝出身地〟だからだ。次は日本で、約一五〇万人が訪れている。日本から台湾に赴いたのは約一四〇万人。

それが二〇一五年になると、台湾を訪れた海外旅客者数は一〇〇〇万人を超え、訪日台湾人は三五〇万人、訪台日本人は一六三万人に跳ね上がっている。

訪日する台湾人は若者が圧倒的に多い。観光、ショッピング、バスツアー、アイドルコンサート、北海道の雪見などが目当てだ。最近は甲子園ツアーも組まれている。戦前、台湾野球チームが甲子園で活躍し、その軌跡を描いた映画『KANO』が爆発的にヒットし、甲子園ブームを引き起こしているからだ。

日本からの訪台者も若い女性を中心に急増している。台湾料理、マンゴーかき氷、「鼎泰豊《ディンタイフォン》」の小籠包、ショッピング、エステなどが目的だ。お年寄りの郷愁旅行も増えている。

二〇一四年、日本で初めて台北の国立故宮博物院展が開催され、先の台湾映画『ＫＡＮＯ』が二〇一五年初めに日本で公開され、日本にとって台湾が近くなっている。「今の韓国、中国はちょっと」ということも台湾になびかせている要因かもしれない。

垂れ込め始めた経済の暗雲

経済成長を遂げ、観光収入も増大して生活も豊かになった台湾だが、最近の経済情勢には暗雲も垂れ込め始めている。中国経済のダウンに連動しているのだ。李登輝のあとに選挙で民進党の陳水扁《ちんすいへん》（収賄罪で服役し、自宅療養中）が総統になったが、二〇〇八年の選挙で敗れ、国民党の馬英九に座を譲った。馬政権は中国寄り施策を展開し、中国との経済交流を重視した。その中国経済が減速し、もろに影響を受けているのだ。二〇一五年、上海株価のダウンはチャイナショックとして世界に振動を与え、台湾も波をかぶった。実際、輸出の四割を占めた中国向けが減少し、また、中国に進出した台湾企業、対中投資がダメージを受けている。

日本の経済産業省北東アジア課が二〇一五年一〇月にまとめた「台湾経済情勢」資料によると、二〇一四年の経済成長率は前年比三・八パーセント増だった。増えてはいるが、伸び率では低下している。輸出の落ち込みが主因だ。モバイル製品の世界的な需要減が追い打ちをかけているのも理由だ。輸入先は中国が全体の一八パーセントで首位になり、日本は二位の一五パーセントに後退した。二年、三年タームで台湾の経済環境はめまぐるしく変化している。

2 反乱もあった客家の里……北埔

ビーフンの名産地

ＩＴ産業の陰で農業も漁業も奮闘している。新竹はビーフン（米粉）の名産地として知られる。うるち米を原料とする素麺のような乾燥食品である。一帯は米の生産地で、保存食用に乾燥させ、常備食にしている。「新竹風」と呼ばれる冬場の海と山からの強風が麺の乾燥に適し、ビーフン製造の好適地なのだ。日本にも盛んに輸出し、外貨を稼いでいる。

市街地には城隍廟《じょうこうびょう》という新竹の鎮守的な廟がある。線香の煙が立ち込め、お参りする人が後を絶たない。その周りに屋台街があり、焼きそば、ラーメン、包子《パオズ》（饅頭）、そしてビーフン料理が湯気を立てている。

新竹駅からタクシーで三〇分ほどのところの南寮《なんりょう》漁港。魚市場には牡蠣《かき》、イカ、エビ、タチウオ、タイのような魚、ツブ貝などが水揚げされている。市場内の売店ではエビなどの天ぷらを揚げていて、日本風の総菜が台湾の片隅に生きている。牡蠣は小粒ながら濃厚そうだ。五〇個ほど入った袋が二つ一五〇元（当時、およそ五〇〇〇円）だった。食堂では新鮮な牡蠣を使った蚵仔煎《オアジェン》という、オムレツというか、お好み焼きというか、そんなおやつが人気になっている。南寮は日本で言えば日本海側で、夕日が美しく、港に停泊する漁船のシルエットを求め、訪れるカップルも多い。

ここ新竹が戦時中、日本の航空前線基地だったことを知る人はあまりいない。戦況が悪化するなか、米軍は沖縄を襲って日本本土侵攻を企図し、日本はその前に米軍をつぶそうと新竹から特攻機を発進させた。しかし、新竹飛行場は米軍機の奇襲を受け、日本兵、住民らが多く死傷し、何機もの航空機が炎上した。

日本は沖縄や本土を守ろうと新竹飛行場を拠点に、旧式航空機で体当たり戦法を試みようとしたが、徒労に終わった。新竹には死亡した日本兵を祀る霊堂がひっそり置かれているという。建立したのは台湾住民で、国民党政府の目を警戒しながら堂を守り続けてきたとされる。

安住の地を求めた客家人

新竹の歴史に思いを馳せながら在来線の新竹駅から内湾《ないわん》線で竹東《ちくとう》方面に向かう。内湾線は台湾三大ローカル線の一つである。残り二つは北部の平渓《へいけい》線、台湾中部の日月潭《にちげつたん》方面に向かう集集《しゅうしゅう》線である。嘉義《かぎ》駅から発着する阿里山《ありさん》森林鉄道は、世界三大登山鉄道の一つで、山岳鉄道に位置づけられている。

内湾線は竹東平野を走り、川を跨ぎ、山間《やまあい》に入り、竹東方面に至る。沿線には客家人《ハッカ》や、タイヤル族などの原住民族が多く住んでいる。

台湾に客家人は三四五万人が居住し、第二の人口規模にある。その多くは台湾西部の新竹、高雄などの山間部や東海岸に居住している。客家人は広東省出身が多い。広東省は香港のちょっと北にあり、福建省に接している。

元々は漢民族である。古来、戦禍を逃れ、あるいは時の政治体制を忌避して安住の地を求め、放浪、移動の民となった。大陸各地、東南アジア、そして台湾などを〝寄宿先〟とした。先住者からはよそ者と見られ、客家の名がつけられた。移住した地では土地の所有を拒まれることもあり、多くが山間地に住むようになって独特の言語、文化を創出した。農地を持てないので、商業、流通分野で頭角を現し、財を成した客家人も少なくない。また、子弟教育に熱心なことでも知られる。孫文《そんぶん》、李登輝、鄧小平《とうしょうへい》、リー・クアンユーらは客家に出自を辿ることができる。

北埔の客家人夫婦

新竹駅から竹東駅までは約三〇分。竹東駅で降り、住民の九割以上が客家人という北埔《ほくふ》という地に向かおうとした。しかし、バス停が見当たらない。夕闇が迫って時間がない。タクシーを探したが、これも見つからない。あきらめて帰ろうと駅に戻ったところ一台止まっていた。

「北埔まで」と言うと、運転手は「僕の自宅は北埔です。ＯＫ。でも、僕は客家人ではないですよ」。十数分で小さな村落に到着した。

ここ北埔にも事件（北埔事件）があった。客家人によって日本人らが襲撃された惨禍である。反乱のリーダーは客家人の元警察官。日本人警察官や住民ら五十数人が殺害された。実行部隊は原住民たち。しかし、のちにリーダーの扇動に乗せられたとわかり、目的も曖昧な群集心理が為せる事件だったとされている。

土産物店の客家人夫婦

静かな街並みだ。慈天宮という大きな廟の前で子どもが遊んでいて、門前の土産物店が中国人の客を呼んでいた。そのうちの一軒の店の人に声を掛けた。店主は曾乾生さんといい、にこやかに応対してくれた。奥さんの彭紅揀さんも出てきた。二人とも中国・広東省からやって来た客家人だ。「梅州《ばいしゅう》からではないですか」と尋ねた。梅州は広東省にあり、客家人の住地だったとされる。曾さんは「そうです、梅州です。客家人がたくさん住んでいたところです。妻もそうです」

北埔は柿の産地で、干し柿が特産である。他の店では棚に山盛りになっていた。曾さんの店には果物や野菜の干し物類はあるが、干し柿はなかった。

「今年は柿の不作でねぇ。いいものがないのでつくるのやめたのですよ」

ここ新竹周辺では春になると、油桐《あぶらぎり》が白い花を咲かせる。主に客家人が手入れをし、栽培している。種からの油は塗料になり、日本への輸出品にもなっていた。その花にちなんだカラフルな花布は客家人の作によるところが多い。花布は台北の織布《おりふ》屋などでも売っている。

北埔で客家料理を食べないわけにはいかない。モツ料理、塩漬け豚肉、モクズガニ入り卵焼き。そこでメイン通りの老街《ラオジエ》で「客家料理」の看板を探したが、開いていなかった。タクシーの運転手さんに聞くと「お客さんがいなくて、閉めてしまった店が多いのです」とのこと。シャッター街だった。

西欧、中国王朝、日本、国民党政府に支配された台湾人は、ガス抜きに客家人を下に見ていたとされる。そんな位置にいた客家人だが、黙ってはいなかった。母語である客家語の流通を訴えた。まず、言葉ありきなのだ。その訴えにより、テレビで客家語番組が放映されるようになった。その後、台湾映画で一九七三(昭和四八)年、客家語作品の『茶山《ちゃやま》情歌』が上映された(小山三郎等編『台湾映画』)。今では公共アナウンスにも客家語が流れるようになっている。

3　元日本〝大使〟の政権論……台中

日本で反国民党運動を展開

二〇一四年夏、台湾中部の台中に向かった。高鉄台北駅から台中駅までは四〇分ほどになる。駐日台湾大使館に当たる台北駐日経済文化代表処の代表（大使）を務めた許世楷《きょせかい》（コー・セーカイ）さんの自宅を訪ねたのは、日本への〝亡命〟や代表就任、民進党支援活動などについて聞くためである。

高鉄台中駅から郊外の氏のお宅まではタクシーで三〇分かかった。瀟洒《しょうしゃ》な一軒家で、庭に花が咲き乱れ、水遣《や》りをしていた奥さんが迎えてくれた。

許世楷さんは一九三四（昭和九）年、台湾中部の彰化《しょうか》市に生まれた。終戦後の国民党時代になって、その政治に背を向け、一九五九（昭和三四）年、日本に渡った。早稲田大学大学院修士課程、東京大学大学院博士課程で政治、法律を学んだ。日本で反国民党運動を展開し、米国でも台湾の独立、自主を訴えた。戒厳令が解かれ、李登輝政権になった一九九二年、台湾に戻った。民進党の陳水扁が総統になると〝日本大使〟を任じられ、二〇〇四年から四年間、日本に赴任した。現在は民進党の支援活動に身を挺している。

奥さんの盧千恵《ろちえ》（ロー・チェンフィ）さんは一九五五（昭和三〇）年に訪日し、国際基督教大学やお茶の水女子大学大学院で学び、現在は台湾で児童文学者として活動している。

許さんに話をうかがった。

☆

国民党の暴政に耐えられず、日本で台湾の独立運動をやろうと決め、渡日しました。こうなると帰れば囚われの身となります。時が来るのを待ちました。その間、米国で独立を訴える講演会を開くなど、日本を拠点に活動を広げました。妻とは日本で知り合い、結婚しました。

日本に雌伏すること三十余年目にその時が来ました。李登輝時代になったのです。李氏は国民党籍ですが、民主化路線を打ち出し、評価できました。そこで一九九二年、台湾に戻りました。

その後、陳水扁さんが総統になり、彼の推挙で日本大使に就任しました。日台友好の輪を広げようと、当時、衆院議員の平沼赳夫《ひらぬまたけお》、玉澤徳一郎《たまざわとくいちろう》、草川昭三《くさかわしょうぞう》さんら超党派による国会議員の協力でノービザ渡航を実現しました（二〇〇五年）。

日本の統治時代についてお話しします。台湾は植民地ですから、それは平等ではありませんでした。差別もありました。殺されたり、捕まったりした人もいました。被支配地だったのです。でも、日本はいいこともたくさんやってくれました。

当時、小学校は日本人用の『小学校』と台湾人用の『公学校』の二つがありました。小学校は

反骨の許さん夫婦

文部省、公学校は総督府の管轄です。教科書も違いました。たとえば国語（日本語）ですが、小学校はセンテンスの勉強がありましたが、公学校は『ハト、豆』の単語の習得が中心でした。

私の場合は町の警察署長（日本人）が小学校に行けば中学進学に有利になると勧めてくれました。特権を入手できるのですね。しかし、祖父は日本支配に抵抗していた政治結社『台湾文化協会』の幹部だったので、息子である父親は賛成しませんでした。行かなければ反日と思われますが、なんとか理由をつけて公学校に入りました。公学校では日本人にいじめられることもなく、台湾人として過ごすことができました。

植民地の台湾人が差別を回避するには弁護士か医者になることでした。束縛や規制を受けない自由業だからです。父親は弁護士、母親は医者でした。インドなどもかつて同じようで、植民地国民の悲哀かと思います。

日本がインフラを整備してくれたのはありがたく思っています。かつて、台中の人口は五万人でしたが、水道がありました。ハマノさん（浜《はま》野《の》弥《や》四郎《しろう》、後述）という東大（帝大）の先生がやって来て、台中、台南に上下水道を完備してくれました。蔓延していたペスト、マラリアなどが激減しました。八田《はった》さん（八田與一《よいち》）のダム建設（後述）で、嘉南《かなん》平野に水が授けられました。欧米支配下にあった東南アジアの人々の生活に比べ、台湾の生活水準が高いことは明白でした。

鉄道建設で日本は基隆―高雄間の大動脈路線を開通させました。南北間に人、物の多量で頻繁な往来が可能になりました。工事では疫病に悩まされたそうです。台湾は伝染病が蔓延することがあり、多くの人が命を落としました。

一八七一（明治四）年の牡丹社《ぼたんしゃ》事件のときもそうです。漂着した日本人が原住民に殺害された事件です。日本軍が出兵し、争いになりました。日本側の戦死者は十数人だったけど、マラリアで五〇〇人以上が亡くなる事態になりました。

上下水道整備中に、ハマノさんの上司だった英国人教授も風土病に罹《かか》り、亡くなりました。だから、衛生対策が日本統治政府の急務だったのです。

終戦で国民党がやってきました。台湾人にひどい仕打ちがありました。代表的な出来事が二二八事件で、三万人近くの台湾人が殺されました。私は国民党入党の勧誘を断り、日本に留学を決めたのです。

李登輝、陳水扁時代になって台湾の民主化が進みました。堰《せき》を切ったように人々がものを言うようになりました。

しかし、現在の政治情勢はどうか。馬英九さんになって、格差社会が生まれ、失業者も増えています。中国とのつながりを重視しているからです。政権がどこを見ているのかわからない。中国の動静に目を奪われているだけです。民進党を再び舞台に押し上げるべく努力している最中です。

☆

奥さんもひと言。

「一九一六（大正五）年には台湾に水道が通ったそうです。日本の多くの都市にもまだなかった時代ですよ。

台湾は日本、中国の文化をおよそ一〇〇年近く強いられてきました。学生に中国の三大河川を問えば答えられるが、台湾の三大河川は知らない。李登輝さん以後にやっと台湾文化、台湾語が認知されるようになりました」

4　民進党・蔡英文新総統の舵取り

国民党から民進党へ

二〇一六年一月の総統選は民進党・蔡英文の圧勝となった。初の女性総統が誕生した。総統直接選挙は一九九六年に初実施され、国民党・李登輝、民進党・陳水扁、国民党・馬英九と推移し、今選挙で総統の座は民進党の手に戻ってきた。

蔡英文は六八九万票余を獲得し、国民党・朱立倫は三八一万票余だから、大差の勝利だ。予兆は二〇一四年一一月の地方自治体の首長を選ぶ統一地方選にあった。従来、民進党は高雄など南部を地盤とし、国民党は台北など北部を固めていた。分水嶺は台中である。地方選で民進党は台中を掌中にし、台北も席巻した。民進党の上昇気運、国民党の凋落《ちょうらく》のなかで総統選が執行され、民進党が圧倒的支持を集めた。蔡英文は馬政権の任期が切れた二〇一六年五月から台湾政治の舵取りに当たっている。

台湾人はなぜ民進党にひかれ、なぜ国民党を見捨てたのか。それは馬英九の政策に不安、危機感を抱いたからだ。中国への急接近、経済政策の失態などで、若者ら有権者は馬政権にそっぽを向いたのだ。

独立志向を標榜する民進党。大多数の台湾人は台湾人としてのアイデンティティを矜持として いる。中国との合体、統一に反対し、独立ないし現状維持を求めている。民主化が到来し、外来政権の干渉なしの時代が訪れ、解放感を味わっているとき、新たな〝支配〟が忍び寄るかもしれないと強い抵抗感を持ったからだ。

馬政権は急速な中国寄り政策を展開し、「一つの中国」を容認し、経済分野での濃密な交流に躍起となった。中国の「じわり台湾接近作戦」の手の内にあった。

台湾人の多くは「香港や海南島になりたくない」「中国のブラックホールに吞み込まれたくない」という思いが強く、〝嫌中〟である。しかし、馬政権は中国との初の首脳会談で念を押すように双方一体の関係を表明した。台湾人は必然、「中国に吞み込まれる」と忌避した。

若者らは鋭い。台湾政府が中国と結ぼうとした「中台サービス貿易協定」に反発、二〇一四年春、学生らは立法院（国会）を占拠した。日本なら大変なことだが、世論の支持を受け、「ひまわり運動」として社会運動に発展した。協定はサービス事業分野で双方の市場開放を進めようという趣旨だが、中国資本の台湾進出を容易にする内容で、台湾の中国化に警戒感を示したのだ。

経済分野でも台湾企業の大陸進出、投資、貿易は増大し、いまや台湾経済は大陸なしでは考えられない状況に追い込まれている。しかし、一部企業が恩恵を受けて潤うだけで、台湾は景気低迷が続き、人々への分配は少なく、所得格差も広がり、失業者も増えていると、不満の声が上がっていた。

馬政権は公約で「633経済目標」を掲げた。平均年間成長率六パーセント以上、失業率三パーセント以下、二〇一六年までに一人当たりGDPを三万ドルに持っていくという目標だ。しかし、どれ一つとして実現できなかった。

そこに訪れた総統選。〝中国離れ〟、自主自存、経済改革を訴える民進党が政権を奪取した。

「つかず離れず」の現状維持

とはいえ、中国なしの経済は成り立つのか、中国の接近策にどう対応するのか、「一つの中国」論とどう向き合うのか。

蔡英文は国民党の李登輝のブレーンを務め、李登輝の秘蔵っ子と言われた。その彼女のスタンスはこうだ。「語り過ぎず、語らな過ぎずです。現状維持が台湾の人々の共通認識です」。そして「台湾海峡の安定に努力する」と述べるにとどめている。

李登輝時代に中国と「中台92年コンセンサス」が交わされた。「一つの中国」を確認し、その解釈はそれぞれに委ねるという条項だ。しかし、蔡英文はこの合意に態度を明確にしていない。曖昧さを残している。

したがって、台湾独立を声高にしていない。大衆の意を汲んで過度の対中接近方針に懸念を抱きながら、政治、経済力で巨艦となった中国から完全離反することはできない。距離を広げれば中国の反撃も予想される。だから、「つかず離れず」の現状を維持する穏健路線を選択する姿勢だ。

「台湾は元々中国の領土」と主張する中国は、民進党政権の誕生を織り込み、介入策を練っている。大陸内のチベット、新疆《しんきょう》の独立問題を抱える中国は、台湾を取り込むことで大中国の求心力を示し、離反を食い止めたいという思惑もある。

また中国は台湾の中国進出企業への税制面などでの〝いじめ〟を発動し、台湾への渡航制限による観光収入減を狙い、また、双方向ネット通信のストップなど、締めつけを画策しているともされる。台湾が〝国交〟を持つ国は中南米、アフリカなど二二ヵ国。中国は経済力を背景にこれら諸国と台湾の外交を断絶させる目論見も始動させている。真綿で首を絞める戦法が通用しなければ、軍事力を行使する事態も想像できる。

台湾海峡（両岸関係）の緊張を回避できるかどうかは、米国や日本などの国際世論にかかっている。新政権は「民主」で一致する米国、日本、東南アジア諸国、欧州などの発言力に頼りながら、自存の方向を探ることになる。

経済でも中国以外に活路を求めることになる。日本、東南アジア、インドなどへの投資、企業進出にシフトするだろう。新たな経済成長モデルを構築できるかが、民進党と台湾の命運を決することになる。

先の許世楷さんは、民進党を推挙し、総統選で蔡英文の当選を実現させたが、中国との関係という難問をどう捌《さば》くか、経済プランはどうあるべきかなど、新政権のサポート役として満を持しているところだ。

いずれにしても中国共産党軍と対峙した国民党政権が、中国に迎合する国の舵取りは終わった。新しい風が吹いていることは間違いなさそうだが、嵐のなかの船出ともいえる。

5　日本より早い水道整備

日本人の手で完備された上下水道

先の許世楷氏のインタビューで登場した浜野弥四郎について説明しておこう。

かつて後藤新平が民政局長として台湾に派遣され、調査事業、経済改革、インフラ整備を手掛けた。調査の結果、本格統治のため統治政府が急いだのは衛生対策だった。コレラ、マラリア、ペストなどの伝染病が猖獗《しょうけつ》していたことを憂えたからだ。統治政府は衛生状態改善のため英国人（スコットランド人）ウイリアム・バルトンを台湾に迎えた。バルトンは明治政府が日本の上下水道整備のために招聘していたお雇い学者で、帝国大学で教鞭を執っていた。浜野弥四郎はバルトンに土木工学を学んだ弟子で、台湾に同道した。

二人は北部、中部、南部に至るまで視察し、整備事業を推進した。しかし、バルトンはマラリアらしき病に冒され、日本に戻って間もなく死去した。事業は浜野が引き継ぎ、風土病に悩まされながら調査、設計、建設に心血を注いだ。そして基隆、台北、台中、台南などに先進機材を用いた浄水場を建設した。台南の上下水道は濾過法に新技術（急速濾過法）を採り入れ、台南市民にきれいな水を提供できるようになった。これによって日本より先に上下水道が完備された。戦後、進駐してきた中国人が蛇口をひねって水が出ることに驚き、荒物屋で蛇口だけ買って持ち帰ったが、出ないので怒って荒物屋を殴ったという（楊素秋著『日本人はとても素敵だった』）。なんともはやの笑い話だ。

工事には浜野の部下として、のちに巨大ダム建設にかかわる八田與一が加わっていた。台湾人はこうした日本の土木技術者らに敬意を表し、各地に胸像などを建て、浄水施設など建築物を保存し、顕彰している。

牡丹社事件

牡丹社事件については、発生、経緯、帰結までに諸説あり、文献、関連図書を頼りに概略を記す。

日本統治前の一八七一（明治四）年、宮古島の船が遭難して台湾南部の牡丹社《ぼたんしゃ》（恒春《こうしゅん》付近）という原住民集落の海岸に漂着した。互いに意思疎通ができず、また、集落独自の掟からなのか、原住民は侵入外来者を敵視し、宮古島島民五四人を斬首した。

事件で日本は清国に責任を問い、賠償を求めた。しかし、清国は原住民居住地域を「化外の地」「統治が及ばぬ地」として賠償金支払いを拒否した。日本は一八七四（明治七）年、現地討伐のため日本軍を出動させた。最初の台湾出兵である。日本軍は事件現地を制圧したが、戦死者(一〇人前後とされる)より、マラリアなどによる病死者を五〇〇人以上を出し、統治後の衛生改善対策を促した。

事件は清国が賠償金支払いに応じ、日本軍が台湾撤収を決めたことで落着した。日本にとって〝おまけ〟もあった。

この当時、宮古島を統轄していた琉球王国は日本と清国の両属関係にあった。清国の賠償金支払いは、日本の軍事行動が琉球民の仇討ちのためと認める格好となり、琉球は日本に属するものとされた。

琉球王国の歴史も複雑だったのである。そもそも清王朝に貢ぐ冊封《さくほう》関係にあった。しかし、薩摩藩に侵攻され、のちに日本に併合され、戦後、米国の統治下となり、そして日本に復帰した。さらに、最近は中国で「『琉球は中国の絶対不可分の一部』『日本に奪われた固有領土』だという声が高まっている」(黄文雄著『日本語と漢字文明』)という。台湾出身の黄《こう》さんの警告だ。琉球も漂流台湾と似ているではないか。

6　台湾中部大地震の伝言……台中

台湾第三の都市・台中

許世楷さんが住んでいる台中は台湾第三の都市。表玄関は在来線台中駅である。駅舎は赤レンガの欧米風。日本統治時代に残された建築物は新竹駅舎同様にいまも健在だ。

一九〇八（明治四一）年、日本統治政府の手によって基隆—高雄間の西部に南北縦貫鉄道が開通した。西部幹線は途中の台中周辺で山線と海線に分かれるが、台中は今や主線となった山線の駅である。

街は鉄道開業に沸き、開通式は派手だった。日本、台湾は式典をどこで開くかを思案し、真ん中の台中で挙行することに決めた。皇室も来る。慎重に開催場所を選択した。候補地は台中（中《ちゅう》山《ざん》）公園に決まった。

公園はすでに台湾総督府と台中市が造成し、一九〇三（明治三六）年に完工していた。台中駅から歩いて行ける。縦貫鉄道の開通式典はこの公園で開かれた。皇室などＶＩＰの休憩所として「湖心亭」という優雅な建物が池の畔《ほとり》に設けられた。赤いとんがり屋根と白い壁が池に浮かぶ和洋折衷建築だ。

この公園も歴史を反映している。公園名が、最初は「中之島公園」で、終戦後は「台中公園」のち「中山公園」になった。中山とは孫文《そんぶん》のことだ。そして二〇〇〇年になって「台中公園」に戻った。公園名でさえ日本や国民党政権に翻弄されているのだ。

そんな歴史を忘れたかのように、いまは園内にリスが走り、お年寄りが池のアヒルにパンを千切り投げ、平和な一景をなしている。

日本時代の香りただよう店

在来線の台中駅近くに「宮原眼科」という看板を掲げた古風、かつモダンな建物がある。いまは眼科ではない。スイーツの店だ。アイスクリームやパイナップルケーキなどを販売し、若者のデートスポットとして行列ができるほどの人気店だ。店内は天井が高く、調度品も上等で、お土産コーナーもある。

店員が昔のナースのような制服で応対している。台湾人カップルは「日本の銀座や青山にも負けない、おしゃれな店ですよ。ちょっと高いけど、どれもおいしい」と言う。

日本統治後の一九二七（昭和二）年、鹿児島県出身で、東京帝国大学で学んだ宮原武熊という医師が台湾に渡り、台湾総督府の医療担当などを務め、宮原眼科医院を開設した。台中では大きな医院だったという。

日本の敗戦で医院は国民党管理下になり、台中市の衛生関係施設として使われ、その後、閉鎖されて廃墟同然となっていたが、建物は残された。二〇一〇年、ケーキ類を扱う「日出」という台湾企業が建物を購入し、改装したうえでスイーツ店をオープンした。開業の趣旨に「ケーキ、飲み物、チョコレート、アイスクリームの提供やサロンとして」とある。古色蒼然としてレンガ色の、日本統治時代の香りが漂う店内は、いつも激混み状態だ。

憩いの庭園・南園

高鉄台中駅からタクシーで三〇分ほどの所に南園という庭園がある。高鉄新竹駅からならより近い。新竹県の丘陵地帯に位置する南園は「人文休閒客棧」（レジャー施設）と呼ばれている。新聞社・聯合報のオーナーが蓄財した資金を庭園建築に充て、接待所、あるいは社員の保養所として使っていた施設を一般に開放するようになったものだ。

庭園は丘の斜面に広がり、植栽と池が配され、建物は中国南部の建築様式を採り入れ、優雅さに満ちている。台湾人にとって隠れ家的な憩いの地になっている。

以前、二月に訪れたときは、梅、桜の花が同時に天を仰いでいた。園内には「水風軒」というレストランがガチョウ肉などの料理を供し、ケーキ屋さんがおいしいお菓子を販売していたが、今はなくなっている。知る人も少ないので商売にならないからだろうか。

入園料は日本円で二〇〇〇円前後だった。ちょっと高いが、のんびり、ゆったり、美しい庭を鑑賞できる。散策路も広がっている。園内にお茶処はあるので、中国茶とケーキを楽しむことはできる。

台中はタピオカミルクティーの発祥地で、元祖は「春水堂」と言われる。本店は在来線台中駅から大分離れているのでタクシー利用が便利だ。今は空港や台湾各地に支店があり、日本にも出店している。また、高鉄台中駅コンコースに蜂蜜売店がある。ライチ、龍眼《りゅうがん》などの花から採取した珍しい蜂蜜が並んでいる。龍眼は常緑小高木で、ライチより小ぶりの実をつける。実は食用になり、季節になるとスーパーなどに並んでいる。阿里山の高山植物から採った高価な蜂蜜もある。いずれもひと瓶四〇〇元以上で安くはない。

養蜂業は台湾中部、南部が中心で、輸出に回すなど、ひとつの産業になっている。しかし、龍眼、ライチなどは開花時期が短いため不安定な蜂蜜採取を強いられ、ブレンド蜂蜜なども出回っているのが実情だ。駅の店の人は「うちのは純正です」と胸を張った。

台湾中部大地震と東日本大地震

さて、高鉄（台湾新幹線）建設の項でも触れた台湾中部大地震について語らねばならない。

一九九九（平成一一）年九月二一日、南投《なんとう》県を震央とする最大震度7の直下型地震が大地を揺すった。台湾の報道は二〇世紀最大規模の地震と表現した。死者、行方不明者は二四〇〇人余に上った。台中など中部ではビルが倒壊し、鉄道が寸断され、生活インフラがストップした。

このとき、日本から消防を中心とした救助隊がその日の夜に現地入りし、活動を展開した。世界各国が救助隊を派遣したが、日本が真っ先に駆けつけた。台湾の人々はその恩を胸に刻んだ。

二〇一一年三月の東日本大震災。台湾は即座に救援隊を送ってくれた。総額二〇〇億円の義捐《ぎえん》金も届けてくれた。世界で最高レベルの金額だった。台湾政府、財閥、大手企業の資金提供だけではない。多くの市民からの浄財が中心だった。テレビ、新聞は「加油（がんばれ）日本」のメッセージを流した。街の店先にも復興祈願の短冊がぶら下がった。

しかし、日本政府は二〇一二年三月に開催した東日本大震災一周年追悼式典で、出席した駐日台湾大使館に当たる台北駐日経済文化代表処の副代表を冷遇する挙に出た。式典で各国の代表には来賓席を用意したが、副代表は「民間機関代表」として扱われ、一般席に座らされた。そして指名献花からも外された。

日本政府はこんな仕打ちもした。世界各国からの支援に対し、謝意を表す広告を米英仏中韓露の新聞に掲載した。その他は省略だ。最大規模の支援金を贈ってくれた台湾はない。これを見た米国の新聞社は「日本は各国に感謝するリストから台湾を外した。なぜなのか。中国大陸の顔色をうかがってのことか？」と批判した。

その後、市民団体や日本の対台湾窓口機関の交流協会台北事務所が、やっと台湾の新聞にお礼の広告を出した。日本政府は失態を認め、「台湾の皆様に温かい支援をいただき、その気持ちを傷つけました」と遅まきながら陳謝した。

ところが、二周年追悼式典。日本政府は台湾に対し、今度は「国名」などを読み上げる指名献花の対象にしたが、中国側がチャチャを入れ、反発し、欠席した。台湾の「国扱い」に不快を示したのだ。外交とはこんなにも大人気《おとなげ》ないものなのだ。

台湾中部大地震の余談である。日本の消防隊が駆けつけるのと同時に、日本の新聞社・テレビ局なども自社飛行機、その他の方法で被災地入りした。道路は寸断され、生活物資も届かない。山間の村落では死者も相当数出て、悲惨な状況にあった。

取材の日本人記者らも宿泊、食料調達ができず、途方に暮れた。何人かの記者が台中東部の山村被災地に入ったが、記者は絶食状態で倒れそうだった。たどり着いた集落で住民らが炊き出しで難をしのいでいた。

四〇歳代の日本人記者は腹ペコでふらふらになって集落に近寄った。すると、「泥で汚れたおばさんが『食べていきなさいよ』とおにぎりを差し出してくれました。躊躇しました。しかし、背に腹は代えられず、ここは……」と口に運んだという。後日、この記者に聞いた。「うまかった。腹が満たされた。みなさん困っているのに、どうしようか迷いましたが、いただきました。

感謝の言葉もありません」。支援側が支援される。情けない話である。記者は装備の甘さを反省しながら、修羅場での一個のおにぎりに胸が熱くなったという。

7 鹿絶滅の街……鹿港

彰化扇型車庫

台中から少し南下すると在来線の彰化という駅に着く。彰化県は山間部、平野、海浜を抱え、穀倉地帯であり漁業基地でもある。工業区も海岸沿いに整備されている。街から小山の八卦山《はっけさん》に顔を出している大仏を見ることができる。

彰化には鉄道マニア垂涎《すいぜん》の施設がある。彰化扇型車庫である。蒸気機関車の進行方向を変える転車台を中心に一二本の線路が放射状に敷かれている。日本統治時代の一九二二（大正一一）年に設置され、他の扇型車庫が解体されるなか、唯一残り、現役として運用されている。日本では京都府にあった梅小路蒸気機関車館の扇型車庫がかろうじて保存されていたが、二〇一六年京都鉄道博物館として衣替えした。

歴史遺産の多い彰化だが、この地も戦争にまみれた経験を持つ。

「戦局は年を追うごとに厳しさを増し、学校教員までもが応召されて出征してゆくようになった」（蔡焜燦著『台湾人と日本精神』）

蔡《さい》さんの母校・彰化商業学校も例外ではなく、戦時色が強まり、堀内豊秋《ほりうちとよあき》海軍大佐が伝授した「海軍体操」が日課となった。体育教師を目指していた蔡さんが指揮を執ることになったが、海軍体操は「身体の動きは見る者を魅了する美しい体操だった」という。

堀内大佐は落下傘部隊の隊長としてインドネシア・メナドへの奇襲降下作戦を成功させた人物である。二〇一二年に亡くなった俳優・小沢昭一《おざわしょういち》さんの海軍兵学校予科時代の回想にこんな記述がある。「堀内大佐が全校生徒の海軍体操の号令をかけるんですが、なんと『ホップ、ステップ、アンド、スモール・ホップ、ビギン』なんて、すべて英語なんです。あの戦争の最中にそういう教育だったんです」（小沢昭一著、村串栄一編『思えばいとしや〝出たとこ勝負〟』）。ハイカラさは海軍だったからなのだろう。戦後、堀内大佐はB級戦犯として銃殺刑に処せられた。

「残す」という美学

彰化駅からバスで四〇分ほど西の台湾海峡方面に向かうと、鹿港《ルーガン》という街に至る。メイン通りは中山路。にぎやかな通りだ。中山は先にも述べたように中華民国の国父・孫文のことである。台湾、中国のどこにもその名のついた道筋が通っている。

中山路には天后宮《ティエンホウゴン》という寺廟がどんと構えている。建物の外壁には極彩色の装飾が施され、薄暗い内部には壁画や彫刻がぼんやり浮かんでいる。海の安全を祈願するため中国から媽祖《まそ》を迎えた寺だ。参拝客であふれ、廟内は線香の香りが充満している。

古市《こし》町、九曲巷など老街と言われる一角には古い家屋が並んでいる。細く、曲がりくねった路地とレンガ造りの家並みに郷愁が漂う。外敵を困惑させ、季節風を避けるための工夫という。休日ともなると台湾人観光客が押し寄せ、二人で並んで通るのもやっとの街路もあることからカップルに人気があるという。

台湾には「残す」という美風がある。だから台湾には日本式の木造建築も当時のまたくさん残されている。長屋、仕舞屋《しもたや》風住居、庭園付きの瀟洒な和風建築、駅舎などだ。有名観光地の九份《ふん》に近い金瓜石金山《きんかせききんざん》の跡地には板塀、雨戸、畳の家屋が当時のまま置かれている。平渓線というローカル線の終着駅は木造駅舎に木製駅名看板が現存している。生活者の息を感じ取れる建築物。日本にその姿を見る場はもう少ない。

日本だけではない。中国では北京などの伝統的家屋「四合院《しごういん》」(長屋風、あるいはパティオ風住居)が、北京五輪前に盛んに壊された。大連《たいれん》でもそうだ。私は二十数年前、北京に在住していたが、そのとき、大連で多くの日本家屋を目にした。それが今は壊されつつあり、「日本」は風前の灯《ともしび》にあるという。

鹿港の中山路では小さな屋台、肉饅屋、「玉珍斎」という歴史的建造物の菓子店などを覗き歩けば飽きることはない。飲料店にやたら「綜合」という文字が掲げられている。綜合は「五目」「ミックス」という意味だ。「綜合豆花」は甘い汁に杏仁豆腐や果物などが浮かぶ蜜まめのようなスイーツだ。靴屋さんのウィンドウにあった「犠牲品」の張り紙には首をひねったが、どうも、見切り品のことらしい。

中山路を下った街外れに龍山寺《りゅうざんじ》がある。台北など各地に同名の寺がある。どこも立派だが、鹿港も負けず、荘厳だ。玄関口の建物には八角形の天井に鬼のような、夜叉《やしゃ》のような絵が描かれ、凄みを見せている。彫刻も年季が入っている。

大概のお寺では長さ五センチほどの三日月形の赤い木製用具を用意している。占い用で「擲筊」などと書き、台湾語では「ポエ」と発音している。二つを床に落とし、表裏になれば次に進み、おみくじのようなものを引き出すことができる。龍山寺でも参拝客がのんびり三日月を落とし、床にカランコロンと転がし、良運を引き出そうとしていた。庭には巨大なガジュマル（榕樹）の木がどっしりと枝を広げ、神木となっている。これも見事なものだ。

天燈祭り

鹿港には別途、日本の台湾観光協会の取材要請で訪ねたことがある。天燈祭り《ランタン》（燈会、ランタンフェスティバル）の見聞が目的だった。毎年旧暦一月一五日の元宵節《げんしょうせつ》（旧正月のあとの最初の満月の日）前後に、各地持ち回りで開かれる祭りだ。このときは彰化県鹿港が開催地だった。宵闇が迫るころ、会場に向かう家族連れや若い男女が続々と現れ、歩くのも困難なほどの人波になる。動物、花、漫画キャラクターなどの天燈（提灯）が内部から色とりどりに灯され、彩色の渦に包まれる。中山路の上を見上げると、竜の天燈が数百メートルにわたって浮かび、迫力いっぱいだ。日本からのよさこい舞踊、御陣乗《ごじんじょ》太鼓なども披露され、祭りを盛り上げていた。

　これは台湾最大のイベントだ。期間中、延べ一〇〇〇万人が訪れたという。台湾人口の半分近くが鹿港に集結したことになる。台湾人もお祭りが大好きなのだ。

鹿港のランタン祭り

鹿港の歴史

　さて、鹿港の歴史をちょっと振り返る。一六世紀、ポルトガル船が台湾を通りかかって「美しき島（美麗島《びれいとう》）」「イラ・フォルモサ（福爾摩沙）」との言葉を残した。その島にはすでに南方からやって来たとみられる原住民が居住していた。一六〜一七世紀ごろから大陸の漢民族（大陸南部の福佬人＝閩南人ら）がやって来て、漁労を中心に生活していたという。このころは台湾全体をまとめる統治者は不在で、国家の体裁はなかった。

一六二〇年代になると、オランダ（東インド会社）が台湾を占拠し、首府を台南に置いた。行政、経済などの機構をつくりあげ、かろうじて国家的体裁ができあがった。

しかし、オランダの台湾支配は台湾のためのものではなかった。収奪である。多くの列強の植民地支配と同じで、オランダは交易港として鹿港を重視した。何を輸出したのかというと、砂糖や鹿角、鹿皮などだった。鹿港の山間地に鹿が多数生息していたことに目をつけたのだ。

オランダは原住民や漢族商人らを使って鹿を乱獲し、珍重品として輸出した。その後、他の台湾進出国も鹿狩りに精を出し、鹿は絶滅状態になってしまった。今は「鹿」の地名だけが往時を語っている。終戦後、台湾政府は農村の副収入策として鹿の飼養を奨励したというが、昔の姿を取り戻す力はない。鹿港の古老は「港から山のほうを望むと鹿の群れが見えたと伝えられています。今、その姿はありません」と山に残影を見ていた。

〈ミニ情報〉日潭、月潭だった日月潭

砂糖工場がある在来線斗南《となん》駅から少し北上すると斗六《とろく》駅を通って二水《にすい》駅に至る。台湾三大ローカル線の一つである集集線が発着している（一部台中からの直通運転もある）。小さなローカル駅で、駅前に旅館とコンビニが一軒ずつあるぐらいだ。

集集線は台湾の景勝地・日月潭方面に行ける路線である。南投県の農業地帯から八卦山麓を通り、水里《すいり》駅を経て終点の車埕《しゃてい》駅を結ぶ全長三〇キロほどの鉄路だ。

列車は黄色を下地にけばけばしい装飾が施されている。控えめな美しさとか知らないのだろうか……。二水駅を出ると列車にバナナ、椰子の葉が覆ってくる。気動車はのんびり単線区間を走る。途中の濁水《だくすい》駅が上下線列車のすれ違い駅で、タブレット（閉塞器）と言われる輪で安全を確認し、発車する。単線区間での衝突防止の安全システムである。日本ではあまり見かけなくなった。

水里駅からタクシーなら三〇分ほどで日月潭に着ける。湖は朝霧が幻想的で、夕陽の美しさも見ものとあり、これを目当てに訪れる観光客が多い。中心街には寺廟、豪華ホテルなどが立ち並び、ロープウェーで山越えするとサオ族など原住民族の文化村に至る。

かつて、湖は日潭《にちたん》と月潭《げつたん》の二つに分かれていた。日本統治政府は電力供給が台湾の産業振興に欠かせないとして、水力発電所の建設を急いだ。インフラ整備のハイライト事業である。統治政府は濁水渓《だくすいけい》と呼ばれる河川から日潭、月潭に流れ込む水を利用し、落水させて発電する方式を考案した。大工事のすえ、一九三四（昭和九）年、日月潭第一発電所が完成した。当時、アジア最大規模の巨大ダムとなり、市民に電力を供給した。ダム建設で二つの湖の水位が上がり、一つになって日月潭となった。集集線はダム建造時における物資輸送のための鉄道だった（緒方英樹著『台湾の礎を築いた日本人たち』を参照した）。

水里駅から二水駅に戻る列車の中で、突然の豪雨に見舞われた。雷が鳴り、線路脇の溝は激流と化している。列車は龍泉《りゅうせん》駅を過ぎたところで止まってしまった。しばらくして列車のドアの一つが突然開きトレーナー姿の高校生らしき若者が一〇人ほど飛び降りて行き、びしょ濡れで戻ってきた。列車は動き出した。車掌さんが若者たちに感謝の言葉を述べていた。彼らが欠落路床の補強に協力してくれたらしい。一時間ほど遅れて列車は無事二水駅に到着した。台湾の若者精神にまたまた感心してしまった。

第3章　『KANO』の中南部

1　製糖工場に鉄路あり……虎尾

製糖産業を輸出の目玉に

オランダ、スペイン、明朝が去ったあと、台湾は一六八三年、清朝の属地となった。清朝政府は台湾を「化外の地」とみなし、扱いに手をこまねき、放置するだけだった。しかし、清朝末期、台湾は大陸、日本、韓国、東南アジアの中心に位置する地理的条件を生かし、輸出で経済力アップを図ろうとする方向に転換し始めた。主力は砂糖、茶、米、鹿製品、樟脳《しょうのう》などの特産品で、日本など周辺諸国に輸出した。

なかでも経済力をつけたのが製糖産業だった。一八九五（明治二八）年、日本が台湾の割譲を受け、台湾を統治することになり、基幹産業に製糖業を据え、振興策を講じた。製糖業はオランダ時代にプランテーションが造られ、輸出産業として育成されていたが、日本統治の時代になって大規模かつ近代的な工場建設が始まった。そして台湾製糖、鹽水港《えんすいこう》製糖、大日本製糖、明治製糖などの製糖会社が相次いで設立された。

サトウキビから砂糖汁を抽出して加工するのが製糖工場だ。五千円札の肖像になった新渡戸稲造《にとべいなぞう》は行政、武士道などに精通していたが、札幌農学校や欧米で農法を学んだ農学者でもあった。

新渡戸は台湾に赴き、サトウキビの品種改良に取り組んで新しい栽培手法を編み出した。生産量は飛躍的にアップした。

製糖会社の大半は台湾中西部に置かれ、その街は活況を呈した。遅れていた太平洋側の東部開発のため、花蓮《かれん》にも製糖工場が建設された。製糖業育成には別の理由もあった。日本ではサトウキビが国内ではほとんど収穫できなかったため台湾に生産を求めたのである。製糖業は日本に甘味をもたらす産業でもあった。戦時中、砂糖は配給制となり、敗戦後、人工甘味料のサッカリンが代用されていたことからも知られよう。

シュガートレインの今

サトウキビやその製品を運搬するため、鉄道が敷設され、いまでも各工場周辺には当時の線路が残されている。製糖鉄道《シュガートレイン》である。そのひとつ、彰化《しょうか》と嘉義の間の雲林《うんりん》県に台湾糖業公司線がある。これは台湾製糖の虎尾糖廠《こびとうしょう》用路線である。

日本の統治期には、サトウキビ、木材、石炭などを運搬するための産業鉄道が網の目のように張り巡らされていた。ほとんどが私設（会社）鉄道で、機械力のほか人が押して走らせる台車鉄道も活躍した。今はそのほとんどが姿を消し、一部は観光に転用されている。産業用の現役として残っているのは、ここ虎尾の路線ぐらいである。

虎尾糖廠は在来線の斗南駅からタクシーで一五分ほどのところにある。製糖工場の二本の煙突からは煙が上がり、広大な敷地のなかをトラックや従業員が行き交い、まだ活況を呈していた。「まだ」といったのは、製糖事業は戦後になって台湾砂糖の国際競争力が低下し、価格暴落などもあって斜陽産業に転じているからだ。

しかし、虎尾糖廠は今も頑張っている。工場は馬公厝線という路線などを使い、サトウキビ、資材運搬、製品搬出などに活用している。軌間が七六二ミリの狭いナローゲージ線路を列車はのんびりと走るが、台鉄本線と乗り入れるため日本の標準軌間（狭軌）一〇六七ミリレールも並設された三線軌道だったそうだ。

かつては旅客輸送もされていたが、今は貨物専用となっている。貨物列車は冬場のサトウキビの収穫期に運行しているが、いつ廃線の憂き目に遭うかはわからない。

工場内には引き込み線のレールが何本も走っていた。だが、線路脇の草は伸び放題。錆が浮いたレールもある。すでに無用の長物と化しているのかもしれない。

日本の穀倉地帯に変貌した西部

日本統治政府は雲林県、彰化県辺りを境に北は米作、南はサトウキビ栽培を奨励した。日本を工業中心都市と位置づけ、農産物生産は台湾に託そうという試みだった。余剰農産物は輸出に回し、実際、かなりの収入を上げていた。

日本は製糖産業に力を入れたばかりか、台湾に適合した水稲づくりの研究も怠らなかった。農学者で台北帝国大学（台湾大学）教授に就任した磯永吉《いそえいきち》がそれまでのインディカ米に代え、日本人の口に合うジャポニカ種の「蓬莱米《ほうらいまい》」を開発し、増産を可能にした。大陸、東南アジアの長粒米とは違う日本由来の米である。米作のために灌漑、鉄道、道路が整備され、台湾西部の台中辺りは有数の穀倉地帯に変貌し、日本への輸出用にもされた。

南部はサトウキビ生産を軸に果実栽培、漁業も含めて産業振興を図った。台中から在来線で高雄方面に下るとサトウキビ畑が周辺に広がり、パパイヤ、マンゴー、バナナなども群生している。南国の豊かさを実感できる。養殖池がやたら多いことにも気づく。近年、ウナギ、ドジョウ、サバヒー（後述）といった魚介類の養殖技術が向上したからだ。日本では夏の土用にウナギは欠かせないが、多くが台湾南部からやって来る。ウナギ養殖は日本の技術指導で一九六〇（昭和三五）年ごろに始まったが、ここも今は稚魚不足で苦境に喘《あえ》いでいる。

布袋戯の歴史

斗南には雲林布袋戯館という「布袋戯」の劇場がある。台湾語で「ポテヒ」と言い、布袋を使った指人形劇を意味する。この布袋戯劇場は一九二二（大正一一）年落成、日本統治時代に虎尾郡役所として使われたが、今は劇場、博物館になっている。

布袋戯の演目は三国志演義、西遊記などを題材にしている。劇場のほかトラック舞台やテレビでも放送されている舞台は紙芝居のような装置から大きなステージまでさまざまだが、物語性と人形の緻密な動きは人を引き込む。台湾人は「メシを抜いても」と観劇に熱中するくらいだ。一七世紀ごろ、中国南部で盛んになり、台湾に伝わったとされる。人形の精細な動きが特徴で、東南アジアにも似たような芸能があることから、同根かもしれない。

布袋戯には紆余曲折の歴史があった。日本が太平洋戦争に突入し、台湾で皇民化運動が下命されたころ、日本の物語、日本語での上演を強いられることもあった。戦後の国民党時代になると人形は大きくなり、舞台は派手になり、テレビでは人気を集めたものの、伝統性は薄らいだ。

台湾オペラの「歌仔戯《ゴアヒ》」も台湾の伝統芸能で、大陸の京劇に似た歌舞である。戦争末期は上演がままならず、戦後は「大陸の京劇こそ伝統芸能」とのムードが漂った。しかし、徐々に復権し、李登輝時代になって民主化路線と台湾伝統芸能重視政策によって台湾オペラから人間国宝が輩出された。人間国宝にじっくり話を聞いているのでのちに紹介する。

2 映画『KANO』に沸く……嘉義

混成の野球部が日本の甲子園へ

二〇一五年一月下旬、台湾映画『KANO〜1931海の向こうの甲子園〜』が日本で公開された。東京では新宿の映画館「新宿バルト9」などで上映された。

台湾では二〇一四年から公開され、香港などを巡り、三月に「大阪アジアン映画祭」に出品された。そしてやっと日本での本格公開となった。

実話をベースにした映画である。舞台は台湾中部の嘉義。時代は日本が統治していた一九三〇(昭和五)年前後。日本本土にも台湾にもまだ戦争の兆しはない比較的平穏な時期であった。

嘉義農林学校(嘉農=KANO、現・嘉義大学)野球部は弱小野球部だった。それまで勝ちを知らなかった。そのチームの監督に高校(中等学校)野球の名門・松山商業の野球部を率いた日本人が就いた。野球部員は漢族、原住民、日本人らの混成部隊だった。監督はそれぞれの特性を見抜き、投攻守に振り分ける。そして選手は汗にまみれ、雨、泥を撥ね返し、訓練を積むことになる。

出ると負けのチームがなんと台湾大会で優勝し、日本の甲子園出場を勝ち取ったのだ。一九三一（昭和六）年夏の第一七回全国中等学校優勝野球大会（現在の甲子園大会）である。次々と勝ち進み、決勝戦まで攻め上がった。頂点は目前だった。強豪・中京商業とぶつかった。結果は0－4で敗退した。

準優勝の栄誉に輝き、台湾はラジオ放送に沸いた。戦前のこの大会には中国の大連商、朝鮮半島の京城中などのチームも出場していたが、決勝戦に進出し、準優勝を果たしたのは〝外地チーム〟としては初めての快挙だった。

「野球に民族は関係ない」

映画で印象に残ったのが、野球用語に「ボール」「セーフ」など、のちの敵性語がふんだんに使われていることだった。もう一つは、嘉義のメイン通りで噴水建設工事が行われ、何度も映し出されていたことだった。映画の中心舞台である。巨大セットで当時の街並みを再現したという。私がこの地を訪れたとき、実際にこの噴水は水を噴き上げ、噴水を跨ぐようにエース・呉明《ごめい》捷《しょう》の投球モーション像が立っていた。噴水とチームは街の誇りだった。

脚本、製作総指揮は魏徳聖《ウェイダーション》で、前作『セデック・バレ』（「真の人」を意味するセデック語）の監督を務めた実力派だ。『セデック・バレ』の出演者だった馬志翔《マージーシアン》が監督としてメガホンを取った。『セデック・バレ』は台湾中部・日月潭の北にある霧社という地で起きたセデック族による

噴水にKANOの投手像

抗日運動「霧社事件」を描いた作品だ。魏徳聖はその取材の過程で野球部の存在を知り、映画化したという。

『KANO』の主役である野球部監督の近藤兵《こんどうひょう》太郎《たろう》は永瀬《ながせ》正敏《まさとし》が演じた。野球部の中心人物になる呉明捷投手は曹佑寧《ツァオヨウニン》が演じた。民族混成野球部で、呉は客家出身となっている。

映画は野球を巡る以外の紛争、騒動には触れない。民族、人種、階級、被支配、支配、貧富などの問題はシャットアウトしている。台湾映画の多くはストーリーを重視し、政治や民族問題などは大声で語らず、観れば汲み取れる仕掛けになっている。映画でバカな日本人新聞記者が甲子園に出場した原住民選手に悪態を吐《つ》いた。選手は「野球に民族は関係ない」と取り合わず、その記者を蔑んだ。

野球一直線の熱血青春群像劇である。背景を消し、がむしゃらに野球に打ち込む若者の姿と、甲子園への憧憬《しょうけい》を中心スポットに据えた物語を展開している。「淡々と」とつけ加えたほうがいいかもしれない。

日本公開前、台北駐日経済文化代表処の台湾文化センター長・朱文清さんと映画について雑談した。朱さんは映画に造詣が深い。
「とっくに観ましたよ。日本にとっていいイメージの映画です。日本人も、台湾人も、少数民族も差別されることなく、平等な立場に置いたことがいい。セリフで『野球は民族と関係ない。それぞれの長所を生かすことだ。日本人は守備、漢民族は打撃、先住民族は走る』と説きます。そして甲子園に出発する。いい映画です。……え、言葉？　日本語が九割ですよ」

オンボロ球場は伝説のなかに

嘉義は台北から高鉄で一時間三〇分弱。高鉄の各駅停車しか止まらない。高鉄嘉義駅前周辺は新開地で何もない。『ＫＡＮＯ』の舞台になった場所は在来線の台鉄の嘉義駅前周辺にある。高鉄嘉義駅から無料シャトルバスに乗ると三〇分ほどで台鉄駅側に着く。

駅前からは映画の中で何度も登場したメイン通りの中山路が延び、両サイドにデパート、スーパー、銀行、飲食店などが並んでいる。そしてあの噴水がある。

中山路を進んだ突き当たりに公園があり、嘉義市営球場がある。嘉義農林学校野球部の練習場だった。公園に立ち寄ったが、夏休みだからか球場から球音も声援も聞こえなかった。球場の責任者とおぼしき人に「球場に入れないか」と声を掛けると、カギを取り出し、グラウンドに案内してくれた。映画で観たデコボコした草ぼうぼうのグラウンドとは違い、プロ野球の球場のようにきれいに整備されていた。球児たちが白球を追い、甲子園を夢見たオンボロ球場は伝説のなかなのだ。

この野球部に関するエピソードは数多い。一つを紹介しよう。KANOに憧れ、練習場に出入りしていた呉波《ごは》という少年が映画に登場する。少年は入部を果たし、近藤監督に鍛えられ、実力をつけ、準優勝後の甲子園に何回か出場する。一九三七（昭和一二）年、少年は外野手として東京巨人軍に入団した。首位打者の記録も残した。それから阪神に移籍し、投手としても登板するようになった。戦後、二〇年間のプロ野球生活を終え、引退した。少年は名前を呉波から呉昌《ごしょう》征《せい》に改名し、石井昌征《いしいまさゆき》とも名乗った。一九九五年、野球殿堂入りを果たした。

嘉義市営球場にはKANOの活躍を讃えたバットのモニュメントが空を仰いでいる。近くに今は廃校になっている旧嘉義農林学校の校舎が残っている。同校は嘉義郊外にある嘉義大学に併合されている。嘉義大学にも巨大な野球ボールの記念像が鎮座し、甲子園出場の記憶をとどめている。

映画を観て思い出したことがある。日本統治下にあった朝鮮半島での出来事だ。一九三六年ベルリン・オリンピックにマラソン「日本代表」として出場した孫基禎《ソンキジョン》選手が金メダルを取った。しかし、孫はメインポールに揚がる日の丸、演奏される「君が代」に愕然とした。屈辱だった。そして、日の丸の下ではもう二度と走らないと心に決めたという（佐高信著『抵抗人名録』などより)。

支配、統治、植民地化が不条理な施政であるのは言うまでもない。そうしたなかでも統治下の朝鮮半島、満州(中国東北部)などと台湾では、日本の接し方に違いがあったと考えざるを得ない。しかし、支配を是とする被支配者はいない。

阿里山森林鉄道

嘉義の後背地にあるのは阿里山《ありさん》だ。嘉義は阿里山観光、登山の出発点だ。在来線の嘉義駅から阿里山森林鉄道が発着している。阿里山駅まで全長七十数キロを列車がゆっくり登る。標高差二二〇〇メートル余。アンデス高原鉄道、インドのダージリン・ヒマラヤ鉄道と並ぶ世界三大山岳鉄道の一つだ。元々旅客用ではなく、ヒノキなど阿里山の豊かな森林資源を運搬するために敷かれた路線だった。ヒノキは日本の神社建築の木材として用いられた。

阿里山駅からさらに山奥に向かっていくつかの支線が延びている。その一つの祝山《いわいやま》線にある祝山駅は日の出と雲海見物で知られ、台湾住民も外国人も訪れる観光ポイントだ。御来光は国籍を問わず、ありがたいもののようだ。

鉄路が途絶えた先には台湾最高峰の玉山が控えている。先述のとおり、標高三九五二メートル、富士山より高い。日本の統治政府は「新高山」と命名した。真珠湾への攻撃発進指令の暗号だった「ニイタカヤマノボレ」の「ニイタカヤマ」はこの新高山のことである。

　この鉄道は台風、豪雨、地震などの影響で、たびたび不通区間が生まれる。二〇〇九年の台風被害では全線が運休した。順次復旧したものの現在もまだ不通区間が残っている状態だ。二〇一五年一二月に全線開通を目指したが、不通区間に新たな土砂崩れが発生し、完全復旧は遅れているようだ。

　嘉義は平埔《へいほ》族と呼ばれ、山岳ではなく平地に原住民が多数住んでいる。平埔族は原住民集落を離れ、漢族らと婚姻し、あるいは漢族風習になじみ、漢族に同化した元原住民ということになる。彼らは嘉義が木材の集積地として発展し、製糖業なども興ったことなどから、生活の場を求め、移住したのであろう。

　嘉義には歴史由来の地もたくさんある。市内の嘉義公園には日本統治時代に造営された嘉義神社が狛犬《こまいぬ》とともに静かに佇んでいる。一九一五年（大正四年）に建造された大きな神社だ。日本皇族や記紀時代の祭神を祀っている。日本の敗戦後、本殿は忠烈祠《ちゅうれつし》として改築されたが、一九九四年に火災で焼失した。それでも残った社務所などの日本建築はそのまま保存され、手水《ちょうず》舎《や》、石灯籠、狛犬は当時のままにある。嘉義市は歴史を残すため社務所などを博物館として改築し、最近は手水舎に水を引き入れて往時を再現している。

　嘉義は北回帰線の通り道。北緯二三度二七分、東経一二〇度二四分。市の南西には標塔が建てられている。また、台北の国立故宮博物院は文物が多すぎることから、嘉義に南部分院（南院）が建設され、二〇一五年一二月に開館した。

嘉義近郊の朴子《ぼくし》市は、インスタントラーメン「チキンラーメン」や「カップヌードル」を考案した日清食品創業者・安藤百福《あんどうももふく》氏（故人）の出身地である。台湾名は呉百福。朴子市近辺は製塩業、製麺業が盛んなことから、インスタントラーメン製造のヒントが得られたのだろう。安藤氏は即席ラーメン製法の特許を広く公開し、「野中の一本杉として栄えるより、大きな森となって発展したほうがいい」と太っ腹な言葉を残した。

3　神になった警察官……副瀬村

内地延長主義で統治

日本の統治政策はオランダやスペイン、国民党政府ほどの略奪、搾取、弾圧などの苛斂誅求《かれんちゅうきゅう》を取らなかったとされる。朝鮮半島、大陸で展開した「強圧支配方式」ともやや違うとされる。明治政府は日本史上初の本格的植民地経営をどう扱うか戸惑い、台湾を日本にするための「内地延長主義」という考えを取ったからだ。

しかし、支配・被支配の構造は同じだ。どこでも被支配者側は反宗主国運動、蜂起、暴動を起こす。日本も台湾を腕力によってねじ伏せた場面は少なくない。日本側の強硬姿勢は今も台湾の人々の疵《きず》として残っている。

日清戦争に勝利した結果、一八九五（明治二八）年、下関条約により清国政府が日本への台湾割譲を承認した。日本による台湾統治が始まった。清国時代に疲弊していた台湾は日本に抵抗する体力もなかった。それでも日本軍の上陸や台北進駐、各地への支配機構設置などに際して、地元民による激しい抵抗があった。日本は制圧に躍起となり、大量に兵員を投入し、コントロール下に置こうとした。

二つの抗日大蜂起

統治二〇年後の一九一五（大正四）年、歴史に残る大規模な抗日運動「西来庵事件（タパニー事件）」が勃発《ぼっぱつ》した。

行動リーダーは余清芳《よせいほう》。台湾総督府の警察官だったらしいが、台南・タパニーという地にあった廟の西来庵を拠点に同志を募って抗日武装蜂起を計画した。宗教色の強い集団だったとされる。事前に日本警察に察知され、山間部でゲリラ戦となったが、火の手はあちこちから上がり、台湾全土を巻き込む騒動となった。日本側は蜂起部隊を制圧し、およそ二〇〇〇人を検挙し、八六六人に死刑判決を言い渡した。そこに大正天皇の即位記念恩赦があって執行は九五人にとどまったとされる。

大規模な抗日蜂起はタパニー事件以後、沈静化したかに見えた。しかし、日本支配への不満が消えたわけではなく、火種はくすぶっていた。日本式統治が進むに連れ、原住民に反日感情が膨れ、再び衝突が起きた。

一九三〇（昭和五）年の「霧社事件」は原住民が起こした最大規模の抗日暴動事件である。『KANO』の魏徳聖が『セデック・バレ』で映画化した出来事だ。映画の日本公開は二〇一三年。映画はここでも日本、原住民に対する正邪観を排し、記録的内容にとどめている。

霧社に住むセデック族は日本から日本式の文化、習慣、言語を押しつけられ、また、過酷な労働を強いられて、不満が溜まっていた。官憲の権力乱用にも腹を据えかねていた。反日感情が膨れ、セデック族のモーナ・ルーダオ（石碑には莫那魯道とある）を頭目に武装蜂起が計画され、日本人駐在所や霧社公学校の運動会場が襲われた。日本人一三四人が殺害された。日本は軍を派遣し、機関銃、爆撃機など近代兵器を駆使して掃討に当たった。最終的に山中でのゲリラ戦となり、原住民の相当数が殺害され、あるいは自決し、鎮圧された。事件は総督府の「理蕃（原住民）政策」に立て直しを迫るものとなった。

この事件について「決起の一員に、総督府立台中師範学校を卒業し、警察官の経歴をもつ、日本名『花岡一郎』が連なっていたことは、日本政府ならびに台湾総督府の先住民政策に再検討を迫るものであり……」（伊藤潔著『台湾』）とある。

関与したのは花岡一郎、花岡二郎という二人の警察官だった。血縁関係はないが、兄弟の契りを交わしていた。原住民出身で日本名を与えられ、日本教育を受け、警察官に登用された。育ててくれた日本への恩と部族との間で板挟みにあったとも言われ、また、一郎は暴動に加担したとか、制御したとかの説もあるが、真偽は定かではない。

暴動後、二人は山中で自決した。達筆な毛筆の遺書が官舎の壁に残されていた。「我らは此の世を去らねばならぬ」。自決した場所はその後、花岡山と名づけられた。霧社事件は日本統治時代の原住民による最後の抗日反乱だった。

ひっそりと佇む事件の里

二〇一五年秋、私は霧社に向かった。霧社は台中の東部にあり、日月潭の北にある山岳地帯の小村だ。現在、南投県仁愛郷に属している。

南投県政府観光処の職員に霧社への道順を聞いた。

「高鉄台中駅の一階から埔里《ほり》行きの南投客運バスに乗ります。一時間ほどです。埔里で霧社行きバスに乗り換え、四〇分ほどで着きます。霧社は中央山脈を成す合歓《ごうかん》山に抱かれたところで、ひっそりとした集落があります。少数民族が多数住んでいますが、どのくらいの人数かはいま、ちよっと把握していません。春陽《しゅんよう》温泉、碧湖《みどりこ》などがあり、憩いの地です」

事件の話は一つも出てこなかった。

高鉄台中駅からバスに乗ると、高速道路を走り、農村地帯から山道に入る。この道は中部横断道路につながり、中央山脈を越えて東海岸の太魯閣《タロコ》に至る。

五〇分ほどで山中の中核都市、埔里という街に着く。水質がいいことから紹興酒などの酒造りが盛んで、日本統治時代には製紙業の産地ともなり、今でも手漉《す》きによる和紙づくりが行われている。

埔里バスターミナルから霧社行きバスに乗り換え、急カーブが連続する山道を登り、およそ四〇分で平地に入る。そこが霧社の集落だ。幻想的な集落名。海抜一〇〇〇メートルを超える高地の村だ。中央山脈の合歓山が見える。合歓山は冬になるとスキー場になる。この森閑とした村に過去、流血の事件が起きたとは想像もできない。

街には休憩ができるようなお茶屋さんもない。セブン-イレブンが一軒あるぐらいだ。モーナ・ルーダオの墓をめざし警察局で場所と行き方を尋ねたが、「前の道路を右に行った先に墓碑があります。タクシーはありません」とつれない返事。墓まで歩くことにした。森の中に墓標があった。墓の傍に抗日記念碑や原住民の果敢な戦いぶりを伝える像があった。いずれも台湾の英雄だった。

覆いかぶさる木立の下に座り込み、考えた。日本を受容しながら、敵対視する過去をいまに残す。「いったい日本は何をしたのだろう」

襲撃に遭った公学校跡地はそこから歩いて数分のところにあった。眼下に谷が落ちる峰のわずかな平地だ。ここに児童が通っていたのだ。この学校に通っていた日本人や原住民の子弟はどうやってこんな僻地の山中で生活をしていたのか。想像もつかない。

霧社原住民の果敢を讃える像

今、公学校跡地は台湾電力の事務所になっている。当時を知る手掛かりも残像もない。日本警察（政府）の横暴、惨殺、抑圧。台湾に善政を施したという考えは支配者の論理なのだ。村人は忘れられない過去を忘れようとし、秘境で静かな暮らしを続けている。

日本統治政府は警察官に大きな役割を与えた。小さな村落にも警察官派出所を置き、地域見回り、治安維持の任に当たらせた。役割はそれだけではなく、村落行政、公共工事計画、農業改善、衛生確保、教育体制づくり、生活指導まで広範に仕事を担わせていた。警察官、巡査、派出所は住民に畏《おそ》れられ、反発の対象となる存在であると同時に、頼りになる存在でもあった。日本統治の最前線監視単位として機能していたのだ。先に触れた台中の許世楷さんの話でも、警察署長が、入学する小学校の選択にまで介入してきたことでわかる。当時の台湾での警察官は「おい、こら」の職務だけでは済まなかったのだ。

日本人警察官の美談がひとつある。台湾では「義愛公《ぎあいこう》」として知られている日本人だ。現場を見て話を聞くため、物語の舞台を訪ねた。

高鉄嘉義駅から西方の海岸沿いにある東石郷副瀬村《とうせききょうふくせむら》は、小さな村らしい。バスがあるかどうかわからないので、タクシーで行くことにした。

「運転手さん、副瀬村、知っていますか」

「聞きながら行けば、なんとかなりますよ」

ということで、台湾海峡方面に向けて走ることおよそ四〇分。運転手さんは住民に道を聞きながら東石郷に入った。副瀬村に近くなると、一帯は白い空気と白い土に変わり、海の香りが漂ってくる。副瀬村は人口約二万人。半農半漁の村だ。

台湾では街の大きさ順に「県」「市」「鎮」「郷」「村」となる（位の高い直轄市もある）。日本の「県」「市」「町」「村」「字」などにほぼ合致する。

副瀬村で見たいのは「富安宮《ふあんぐう》」という道教廟である。廟は村の中心部にあった。赤、青、緑の彩色が施され、尖った屋根は天に屹立していた。残念なことに廟は修復中で、中には入れなかった。

「ここに移っていますよ」。運転手さんが仮本堂を指さした。廟守らしき老人が出てきた。怪訝そうな顔つきだ。趣旨を伝え、話を聞きたいと思ったが、何を言っているのかわからない。台湾語（閩南語）なのか原住民語なのかちんぷんかんぷんである。運転手さんに通訳してもらうことにした。運転手さんは現地語と北京語ができる。こちらは北京語が少しだけ。なんとか通じた。

義愛公として祀られる森川清治郎

富安宮。日本警察の巡査だった森川清治郎《もりかわせいじろう》が神様になって祀られている。森川は日清戦争後、日本統治下になった台湾に渡り、副瀬村の副瀬派出所に警察官として勤務した。彼はこの村で警察官業務の傍ら、寺子屋教育、衛生教育、農業指導に取り組み、その熱心さから村人に慕われたという。

しかし、副瀬村は貧しい村だった。そこに追い打ちをかけるように日本の台湾総督府は漁業税の上乗せを課してきた。森川は義憤にかられ、一九〇二（明治三五）年、村人のため東石にある上級庁警察（東石港支庁）の上司に減税を嘆願したが、納税拒否の扇動者とみられ、戒告処分を受けた。

森川は目的を果たせなかったことを村民に涙ながらに詫び、翌々日朝、村田銃に弾薬二発を込め、「警邏《けいら》に出る」と言って近くの慶福宮という廟に向かった。そして一発の銃声が響いた。心配していた村人の誰もがその音を聞き、駆けつけた。森川は村田銃の銃口を喉に向け、足の指で引き金を引き、自殺。四十二歳だった。

その後、こんな伝説が生まれた。台湾各地にペスト、マラリアなどの伝染病が蔓延し、副瀬村にも脳炎が多発した。そのとき、副瀬村村長の夢枕に森川が立った。森川から「生水、生ものを口にしないこと」などのお告げがあったという。村長は村人にお告げを守らせ、罹患者をほとんど出さずに済んだという。

村人は森川の恩に感謝し、義愛公の尊称を与え、富安宮に神として祀った。神となった森川は信仰の対象となり、今でも病の快癒を願ってお参りする村人が絶えないという。

富安宮の仮本堂に入った。正面の祭壇に背丈一尺八寸の義愛公の座像がある。黒色のご神体は警察官の制服制帽姿で、刀剣を手にし、美髭をピンとさせていた。

廟守は八二歳の柯水琛さん。「私は森川さんが自殺した当時はまだ生まれていませんので、話に聞いているだけですが、縁あってこの廟で彼を守り、二〇年になります。義愛公は村の恩人です。だから日本人に感謝しています。でも、お参りに来る日本人はいませんね。もっと来ていただいて彼の功徳を知ってもらいたいものですね」

廟守から『義愛公伝　時空を超えて息づく　森川清治郎』（王振栄著）という冊子（日本語版）

をいただいた。

「森川清治郎は、貧困に喘ぐ善良な村民と植民地で威権を笠に着る上司の板挟みに進退谷《きわ》まり、最後は、命は義によって軽し、永遠に孤高の人として生きる道を選んだ。自決することによって、ひたむきに生きる人間性は村民の期待に副《そ》えぬ如何《いかん》ともし難き無力感から解放されたのである」。そして「永遠に偲ばれ尊崇される神と成道したのである」（原文のまま抜粋）と結んでいる。

義愛公が祀られている廟

帰路、村の通りでは若い女性が牡蠣の殻むきに精を出し、のどかな海辺の日常を見せていた。タクシーで村を出てすぐ、道端に派出所があった。ここが森川の勤務先だったのだろうかと思ったが、時間がないので聞き込みはあきらめた。

後日譚がある。森川のご神体が日本にやって来たのだ。それも生まれ故郷とされる横浜（異説もある）にである。台北駐日経済文化代表処の朱文清台湾文化センター長によれば、「こんなエピソードがあるんです。二〇〇〇年ごろ、信仰している方が、義愛公から『横浜に帰りたい』というお告げを聞いたそうなんです。そのお告げを受けて里帰りが計画され、ご神体は四〇人の信仰者とともに横浜の地を踏みました。義愛公は今も台湾人の心に生きているんです」

『義愛公伝』も「台湾の信者たちは森川清治郎へせめてもの報恩の念願を達した」と記している。

4　オランダ支配の台南……台南

三大百貨店の一つ、林デパート

高鉄台南駅から在来線台南駅まではシャトルバスで三〇分ほど。在来線台南駅舎は日本統治時代の建造で、いまも古風で堂々とした威容を残している。

二〇一四年六月、台南の銀座通りと称された末広通り（現・中正路と忠義路の交差点角）に「林《ハヤシ》百貨店」が再オープンした。林デパートは日本統治時代の一九三二（昭和七）年に山口県出身の実業家林方一が建造したモダンな建物で、当時、珍しかったエレベーターを備え、大衆の人気を集めた。台北の「菊元」、高雄の「吉井」と並ぶ三大百貨店の一つだった。戦後は製塩公社や軍・警察施設として利用され、一九八〇年代ごろから廃屋状態のままになっていた。台南市は古跡重視の観点から、林百貨店の修復工事に取り組み、再オープンに漕ぎ着けた。

林百貨店は台南駅からタクシーで一〇分ほど。時代を語るビルの外壁には「〇」の中に「林」の文字が入ったロゴが装飾されている。五階建てで、周りの近代的ビルとは異質の存在感を示している。入り口に若者数十人が並んでいた。デパートの入館に人数制限があるためのようだ。彼らに聞いてみた。このデパートが日本統治時代の建造物であることを知る者は少ししかいなかった。

再オープンした林デパート

台南は古都風情、歴史遺物、グルメなど観光には魅力的な街だ。台湾最古の孔子廟は訪れる人が絶えない。隣接する公園には樹齢一〇〇年を超えるガジュマル（榕樹）が木陰をつくっている。かつて病原菌に冒され、樹勢を失っていたが、樹木医の手当てで復活したという。その威容には圧倒される。

孔子廟のすぐそばに花と緑の小径がある。府中街という路地だ。赤、紫、黄色の花をつけた木が小径を丸く覆っている。点心類、雑貨、骨董品などを売る店が並び、しゃれた喫茶店からはコーヒーの香りが漂ってくる。「黒輪《オーレン》」を売る店前では女子学生らが串を口に運び、横に引いている。黒輪とは魚肉の練りもの（さつまあげ、ちくわなど）を煮込んだ日本で言うおでんのことだ。ハイカラと台湾らしさが同居している散策路だ。

オランダ統治の地

台南は台湾第四の都市。農業、漁業、海港都市として栄えた。しかし、歴史は複雑だ。識者の書物などを参考に繙《ひもと》いて概観してみる。

一六二二年、台湾西部の台湾海峡にある澎湖《ほうこ》諸島を占領したオランダ（東インド会社）は一六二四年、台湾本島に上陸し、占拠した。台湾にはまだ漢族の本格的な定住はなく、原住民が中心居住者の〝あるじなき地〞だった。

上陸したオランダは台南の現在の中心部近くに赤嵌楼《せきかんろう》という城を築いた。プロビンティア城とも言う。赤いレンガ色を基調とした中国風の建物で、オランダによる台湾統治の行政府となった居城である。統治の主体がなかった台湾に、初めて首都機能を持つ行政機構が生まれた。

今、城の前の庭園には大陸からやってきてオランダを駆逐した鄭成功らの像が建立されている。台湾の〝瞬間英雄〞である。しかし、観覧客は二階建ての瀟洒な城に目を奪われ、英雄像にカメラを向ける人もいなかった。

海岸に接した安平《アンピン》という地区にオランダが構築した安平古堡《こほう》（ゼーランディア城）という城塞

が残っている。外敵に備えた軍事施設だ。当時の大砲が何基も外洋に砲口を向けている。そこでも若い男女が砲筒に跨って写真撮影に夢中で、鄭成功の立像には目もくれない。

周辺には門前の土産物店が並び、家族連れが射的、スマートボールなどに興じ、若者はアイスクリームを舐めている。この現実主義は何なのか。「過去は過去」という台湾人特有の合理主義なのか。

オランダはポルトガル、スペインなどと東方貿易を競うなか、中継基地を確保するため台湾に目をつけた。重商主義の為せるところだ。台湾を〝育てる〟といった優しい心根からではなかった。先にも述べた鹿狩りが象徴している。植民地を営利、収奪の対象とする統治だった。

オランダは中南部を拠点に活動したが、スペインは遅れてそこを避けるように北部の基隆、淡水《たんすい》などに城砦を築き、占領した。しかし、オランダに追放され、オランダの天下になるかと見えた。

台南の鄭成功像

オランダに代わった支配者鄭成功

そこに現れたのが鄭成功だった。鄭一族は明王朝時代に大陸・福建で権勢を誇った。しかし、満州族（女真族）が興した清が覇権を広げ、明王朝は清軍に追われるようになり、命脈が尽きようとしていた。戦いを挑んだ明の鄭一族も敗走し、大陸を転々とした。そして台湾に渡った。明王朝復権を期して一時身を寄せるだけのつもりだった。国民党軍が中国共産党軍に敗れて台湾に逃げ込み、大陸反攻の捲土重来を期そうとした構図と似ている。

鄭成功は将兵数万人を引き連れ、オランダ駆逐のため台湾に向かった。オランダに反抗していた現地住民と組み、赤嵌楼を襲って掌中にし、ゼーランディア城を落とし、これによって鄭政権が台湾を実効支配することになった。

鄭成功は日本の長崎・平戸に生まれた。明朝政府は、海賊だった父・鄭芝龍《ていしりゅう》の軍事力に注目し、抱き込んで官位を与え、日本に派遣した。芝龍は平戸に屋敷を構え、日本人の田川マツ（松とも言われた）と結婚し、長男・鄭森（幼名・福松）をもうけた。のちの鄭成功である。

しばらくして鄭成功は父の故郷の福建に移り、軍事家、政治家として頭角を現していった。明王朝の再興のため清軍と戦った功績で明王朝から国姓、すなわち君主の姓である「朱」という名を与えられた。しかし、明は清に圧倒され、父は清側に寝返ったものの、のちに幽閉の身となり、母は自害した。近松門左衛門の人形浄瑠璃「国性《こくせん》（姓）爺合戦《やかっせん》」は鄭成功をモデルにした物語である。江戸時代にどんな方法で中国、台湾情報を入手したのか、不思議な気もする。

鄭成功に先立って台南一帯を一時占拠したのは海賊として暴れ回った顔思斉《がんしせい》という人物だった。長崎・平戸に居住したことがあり、そこで鄭成功の父と知り合い、台湾での政権樹立に協働したと言われている。鄭成功が台湾を制覇できた下地はここにあった。

鄭政権については台湾内部でさまざまな評価がある。行政統治組織づくりに着手し、田畑の開墾奨励、貿易の推進など政治・経済面のシステムを構築したなど、オランダの搾取目的とはやや異なる方式に住民らははじめは歓迎していた。

しかし、苛政であることは変わらなかった。過酷な重税が課せられ、収奪も激しかった。住民は鄭政権から離反していき、鄭成功の病死後は、政権の内紛もあって、清に台湾を明け渡すことになったのだ。

台湾を手にした清王朝は、政権の幕閣に領有は無益という主張が強かった。領有は軍事的、経済的貢献は少なく、疫病対策、原住民対策などの負担を伴い、支配しても意味がないという計算からだった。とりあえず台湾経営に乗り出したが、以後、力の入らない曖昧な統治が続き、結局、日本があとを継ぐことになる。

5　八田與一は教科書に……台南

上下水道の恩恵は今も

二〇一二年四月、台南市の山間部にある八田與一記念公園で桜の植樹祭が行われた。日台スポーツ・文化推進協会の松本彧彦《あやひこ》理事長の発案で、台湾の東日本大震災支援に感謝する催しだった。台南市も共催に加わった。式典は嘉南平野にとって農業の恩人となった八田與一に感謝する集いでもあった。

式典で静岡県・伊豆半島の河津《かわづ》桜《ざくら》の苗木を植樹し、交流を深めた。河津桜は一九五〇年代、オオシマザクラとカンヒザクラの自然交配種が偶然、河津で発見され、接ぎ木で増やし、町の観光名所になった。私は河津の生まれだが、幼少のころ、この桜を目にしたことはなかった。台湾は育成環境が適しているのか、各地に植樹され、寒風のなかでも可憐な花をつけることから人々に愛《め》でられている。

八田の業績は許世楷さんの話の中にも出てきた。映画『ＫＡＮＯ』にも登場してくる。日本で知る人は少ないが、台湾では学校の教科書にも載っているほどで、彼の偉業を知らない人はいない。

嘉南平野は夏は多雨、冬は乾燥という激しい気候風土にある。田畑は洪水、旱魃《かんばつ》、塩害に恒常的に襲われる不毛の地で、飲み水にも事欠き、農民は苦難の作物栽培を強いられてきた。

八田技師は先に触れた浜野弥四郎技師らと上下水道工事に携わった。その後、台湾総督府に「台南市郊外の山間部にダムを建設すれば水利を確保できる」と具申し、認められた。一九二〇（大正九）年に着工し、一〇年の歳月をかけて一九三〇（昭和五）年に完成させた。東洋屈指の烏山頭《うさんとう》ダム（嘉南大圳）である。ダムからの水は整備された幾筋もの水路を伝わり、田畑を潤した。

ダム湖近くの八田像

映画『ＫＡＮＯ』では、選手が準優勝の凱旋《がいせん》行進途上、喜びに感極まり、水が流入し始めた水路に飛び込むシーンが映された。農民は「これで水汲みが不要になった」とうれしさを表した。

八田は石川県河北《かほく》郡生まれ。現在は金沢市になっている。東京帝国大学で土木を学び、台湾総督府の土木局に赴任した。浜野らと共に上下水道の建設に尽力し、灌漑工事などを手掛け、そして大ダム建設という偉業を成し遂げた。李登輝元総統は来日のたびに金沢を訪れ、謝辞を捧げている。台湾人にとって忘れてはならない人物なのだ。

穀倉地帯をうるおす烏山頭ダム

ダムに行くには台南と嘉義の間の在来線隆田《りゅうでん》駅が最寄りになる。ひなびたローカル駅だ。タクシーしか交通手段がない。一五分ほどで烏山頭景勝地に着く。ダムの恵みに感謝して造られた広大な公園である。

公園内ではキャンプ場にテントが並び、子どもたちが親水公園で水遊びをしている。水道の蛇口はいくつもある。渇水に悩まされた人々が水をふんだんに使えるようになったのだ。急坂を登ると八田與一の座像が控えめに置かれている。台湾の人たちがやって来て、カメラに収めていた。日本人の姿は見かけない。

その先にダム湖が開けている。堰堤《えんてい》長一・二キロ余、高さ五六メートル。湛水《たんすい》面積一三平方キロ、貯水量一億五〇〇〇万トン。水源は濁水渓。渓とは川のこと。中央山脈から台湾海峡に注ぐ川で、伝説に濁水と清水が左右に分かれて混じり合わず、両方が澄んだら天下泰平になるとある。

ダムはロックフィル構造で、長大な堰堤に土嚢《どのう》が積まれ、力仕事の苦労がしのばれる。公園内には資材を運んだベルギー製の小さな蒸気機関車が展示され、八田技師紀念室にはダム建設の経緯が写真とともに掲示されている。

展示物に「大洋丸」という客船の写真が掲げられていた。ダム建設を終えた八田技師は、一九四二（昭和一七）年、フィリピンの灌漑施設調査のため大洋丸に乗船したが、その船は米軍によって撃沈され、八田は海に消えてしまった。妻の外代樹《とよき》は夫のあとを追うように烏山頭ダムに身を投げた。紀念室入り口の「永遠的技師　八田與一」の紹介には、夫婦の写真が収められている。

毎年、陽暦五月八日に湖畔で「八田祭」という慰霊と感謝の催しが開かれる。「植民者としての日本人を神として崇めるのは数例あるのみである」（黄霊芝著『台湾俳句歳時記』）

田に充つる水匂ひけり八田祭（作句・葉七五三江、同書）

ダムは満々と水を湛《たた》え、落水し、水路から平野部に向けて水が音をたてて流れている。沃野千里。今や嘉南平野は台湾最大の穀倉地帯となっている。

台湾の俳句界

『台湾俳句歳時記』の著者黄霊芝さん（二〇一六年死去）は台湾俳句界の大御所である。日本語の表現力は豊かで、日本の文芸作品にも精通している。同書は多くの台湾俳句同人の作品を日本語で収録している。解説に「日本領時代の日本語とは一種の国際的共通語だった」「私は日本語で妻を罵《ののし》るが、戦後派の妻は台湾語でまくし立ててくる。すると戦後生まれの娘が中国語で喧嘩両成敗に乗り出してくる」とある。

台湾には漢文俳句もあるが、日本語俳句結社も盛んに活動している。徳島市で真言宗万福寺の住職を務め、俳人でもある福島誠浄《ふくしませいじょう》さん（俳号・福島せいぎ）は黄さんの高名を知って、俳句交流を続けている。同書には福島さんの作品も登場する。

花蟹をすすり身の上話など

台湾は日本統治時代が終わっても「俳句など」と捨てることはしなかった。俳句は戦後も生き続け、むしろ俳句人口は増えている。黄さんは「台湾人が日本文で綴る作品は一体日本文芸の範疇に入るのか、それとも台湾文芸なのか、ということをよく問われる。この時、私はインド人の書いた英文詩は英国の文芸なりや、と問い返す」とスタンスをとる。俳句は台湾の文芸になっている。

さて、ダム周辺の平野部には果樹園が広がる。マンゴー畑には白い紙袋をかぶった実が鈴なりにぶら下がっている。樹高二、三メートル。赤い果皮、黄色い果肉。台湾の人は「夏はマンゴーがなくては始まらない」と言うほどの大好物だ。畑の傍にライチの高木が群生し、たくさんの実を葉に隠している。また、龍眼の木にはライチに似た果実が枝にしがみついている。蓮霧《レンブ》というイチジクに似た果実も繁みから顔を出している。自然の恵みは豊かである。ちなみに、既述したタパニー事件のタパニーとは台南の内陸部にある唯吧哖（現・玉井）という地区名のことで、ここは台湾随一のマンゴーの生産・集積地だ。

〈ミニ情報〉　南北分けるサバヒー

台南で旧オランダ地区から駅方面に戻ると、台南公園近くで「阿憨鹹粥《アーハンシエンチュウ》」という食堂の看板が目に入る。エアコンもない、屋台をちょっと大きくした程度の店構えだ。「サバヒー粥」の専門店である。

日本人になじみのない魚だ。漢字では「虱目魚」と書く。「虱」にのけぞる。中国大陸南方の閩南語発音からサバヒーとなったらしい。鄭成功が好んで食したことから「国姓魚」「安平魚」とも言われている。

辞書にネズミギス目サバヒー亜目とある。魚形はサバ、カツオ、イワシなどに近い。天然ものは体長一メートル以上になるという。流通しているのは養殖もの。産卵期に台湾南部の海岸に押し寄せ、稚魚を養殖業者が育てている。養殖での出荷サイズは三〇～四〇センチぐらいだという。日本ではめったにお目にかかれないが、東南アジアではポピュラーな食材という。

「阿憨鹹粥」でサバヒー粥を試食した。小さめのどんぶりの上にサバのような半身が二つ載っている。お粥の中にも刻んだサバヒーや牡蠣などが煮込まれている。厨房では刻む人、スープを煮込む人、薬味を散らす人と分業で、あっという間にテーブルに出てくる。スープは出汁が味は淡白で、臭みもない。塩が強いと聞いていたが、それほどでもなく、スープは出汁が十分きいていて、美味だった。

サバヒー粥は台南のソウルフードである。だから専門店がいくつもある。朝ごはんとして食すのが習慣のようだ。お粥のほかにスープ団子、焼き魚としても調理される。「死んでも煮られてもまだ死なない目玉の旨さ」と言われ、すべてをしゃぶり尽くすほど南方人の好物なのだ。しかし、北の人は「下司《げす》な食べ物」と軽蔑する。南北の分水嶺となる食材のようだ。

台北の寿司屋でタイだかヒラメだかに似た、少しシコシコ感のある白身の握りが出てきたことがある。板前さんは「スギです」と言う。聞いたことがない。調べたところ、スズキ目に属し、成魚はチョウザメのような姿で、台湾で盛んに養殖されている魚のようだ。日本にも輸出されているというが、お目にかかったことがない。板前さんの言うには「ホタテ、イクラ、ウニなどは日本からのもので、日本の海鮮は安全で、おいしく、お客さんに人気です。スギは台湾産で地元の食材として人気です」だそうだ。

サバヒー粥

第４章　高雄と最南端の街

1　海鮮と交易の街……高雄

アジアの物流基地

高雄は台湾第二の大都市である。台北から高鉄でおよそ一時間四〇分。南に行った分、気温はやや高くなる。列車の終点は高雄の左営。清潔で近代的な駅舎だ。

左営から旧市街地の在来線高雄駅までは地下鉄（MRT）でおよそ一五分。高雄駅前や地下鉄美麗島《びれいとう》駅付近が賑わいの地だ。ホテルチェーンの「康橋大飯店《カインドネスホテル》」が市内にいくつもあり、部屋は機能的で、朝食バイキングは品数が豊富だ。高雄市内の名所は六合夜市《ろくごうよいち》。夕方になると車道を歩行者天国にし、屋台が並ぶ。観光客、地元の家族連れで毎夜、年末の日本のアメ横のような混雑になる。港町だけに屋台には牡蠣料理、刺身、タコの燻製、魚の団子汁などがこれでもかと売られている。

高雄港はコンテナ船が行き交い、澎湖島などへ船が発着している。港の対岸にあるのが旗津半島。フェリー乗り場（鼓山輪渡站）からの乗船時間は五分。料金は一五元（約五〇円）だが、敬老割引なら半額になる。フェリーはオートバイが続々乗下船する。ここもオートバイ軍団が活力になっている。半島の先は台湾海峡。夏は海水浴場になる。海岸路の海鮮食堂店には活きたエビ、カニ、貝類などがどっさり並び、チョイスして店内で調理してもらう仕組みだ。

高雄は人口約二八〇万人。かつては原住民の集落名で「打狗《ターカウ》」と呼ばれた。発音を取って「高雄」になった。小さな漁村にすぎなかったが、日本統治時代になって砂糖やバナナなどの積み出し港として賑わうようになった。戦時中は軍事拠点に転じ、艦船への物資供給の要所となった。今はアジア一帯との物流基地として飛躍し、港湾のほか商業、金融業も盛んになり、複合大都市に変貌している。

瓦屋根の高雄旧駅舎

経済発展を象徴し、高雄のシンボルとして建つのが「東帝士85ビル」。高雄の「高」をイメージし、ホテル、飲食店街などが入っている。高さ三七八メートル、八五階建てのデザイン建築物は、高雄のどの街からも目にできる。

街に高層ビルがニョキニョキと頭を出す一方、愛河という運河では伝統競技であるドラゴンボートレースが開催される。六月の端午節（毎年日時は変わる）が最大のレース開催日で、両岸は運動会か天皇賞の競馬場のような盛り上がりになる。ボート競技は愛河だけではなく、台湾各地の河川でも開かれ、端午節には列車の切符やホテルが取りにくくなるほどだという。端午節の由来については後述する。河沿いに散策公園がいくつもある。木陰に河風が流れ、犬が昼寝をする憩いの場になっている。

歴史遺物としての駅舎

司馬遼太郎《しばりょうたろう》は「街道をゆく」シリーズの『台湾紀行』(朝日文庫。初出の週刊朝日連載は一九九三年から)で「高雄のことである」として高雄の歴史、風情に触れている。

「高雄は、河畔がうつくしい。川に沿った公園を歩いていると、胸がひろがる思いがする。河口ちかくに、高雄大橋が川を跨《また》いでいる。そのむこうが、第四ドックである。高雄港には、ドックが多い」

「この浅い港は、清の同治二(一八六三)年、安平港の付属港として開港された。開港とともに税関や外国人居留地ができたという。当時、人口は七、八百で、なお貧寒たる海村だった」

「……高雄市は、珊瑚《さんご》石灰岩の上に載っているそうである。地質時代の古生物の骨や殼《から》の上にいるかと思えば、ヒトの文明など単なる傲《おご》りではないかと思えてくる」

さて、在来線の高雄駅のことである。駅舎は新しく造られ、駅ビルにはファストフード店が入り、レストランがあり、味気ない日本の駅と同じになってしまった。ところが、そのすぐ隣に旧高雄駅舎が歴史遺物として保存されているのだ。日本時代に建築された駅舎で、西洋建築の建物に日本のお城の瓦造りのような屋根を載せている。「帝冠《ていかん》建築」といって、帝国日本の威厳を示す意図があったとも言われている。台湾の時代を残そうとする努力には敬意を表する。

2　原発の地にリゾート施設……恒春

最南端に向かう

高雄から台湾の最南端に向かった。高雄を起点に台中、台北、基隆方面には南北縦貫鉄道が結び、南回りでは東海岸の台東《たいとう》、花蓮、宜蘭《ぎらん》などを経て台北に行くルートがある。最南端に行くには在来線高雄駅から南回りの屏東《へいとう》線に乗り、枋寮《ぼうりょう》駅などから到達することができる。しかし、到着駅からさらにバスに乗らなければならない。

高鉄左営駅からは「墾丁《こんてい》（クンディン）」行きの特急バスが出ている。これなら黙っていても最南端近くまで連れて行ってもらえる。墾丁はフィリピンに近い巴士《バシー》海峡を望む半島で、リゾート地でもある。行ってみよう。

左営駅を出発すると、バスは市内を通過し、高速道路に入る。高速道路を出ると、一般道に入り、海岸沿いを走る。沿道に実をつけた低木が広がり、紙袋をかぶっている。車中の人に聞くと、「マンゴーですよ。まだ五月なので熟していません。夏が来ないとね」。

ウナギの養殖池も点在している。台湾からはさまざまな食材が日本に輸出されている。ウナギ、エビ、カニ、カラスミ、キノコ、枝豆、空芯菜、マンゴー、ライチ、バナナ……。中国大陸からも日本向けの輸出は盛んだが、偽装食品、害毒食品が送られ、敬遠する人は少なくない。その点、台湾産は安全と見られている。

台湾の葬儀事情

道路沿いの畑の一角に立派な墓石が据えられていた。祖先を敬う思いが強い台湾人は、できるだけ広い敷地に大きなお墓を建立しようとする。地方ではこうした大きなお墓が立派さを競うかのように随所にある。

親族、知人が亡くなったときの葬儀も非常に手厚い。南方では土葬も見られる。日本では現在、土葬を見かける機会は少ないが、台湾では土葬にし、数年すると掘り起こし、遺骨をきれいにして骨壺に入れる。これが本葬だという。土葬にはそれなりの土地が必要だ。富裕層は大きなお墓を欲しがる。しかし、台湾も土地不足となり、今は火葬が主流だという。「人間至るところ青山あり」（世の中、死に場所はどこにでもある）は、台湾も日本も過去の話になっているのだ。

お墓の在り方も変わってきた。散骨、樹木葬などが見られ、公園墓地、マンション墓苑も現れている。歌手のテレサ・テンは金宝山の墓苑に眠っている。

冒頭でも触れたが、地方の葬送は慣習通り今でも派手だ。街を音楽隊が練り歩き、銅鑼が鳴る。派手なほど故人の功績を讃えることになるとの考えからだ。とはいえ、最近は式場葬儀が多くなり、故人をしのんで泣く役割の「泣き女」が登場する場面は少なくなっているという。一族が守り伝えてきた葬儀、お墓の風習も時代の波のなかにあるようだ。

少子高齢化への施策

台湾は日本同様に高齢者問題も深刻だ。少子化、六五歳以上人口の急増など問題が多い。台湾政府は日本やドイツにならって介護保険制度の導入準備を進めている。問題はフィリピン、ベトナム、インドネシアなどから来ている外国人ヘルパーの存在だ。今では一五万人のヘルパーが富裕層の家に住み込み、介護、家事、育児に当たっている。しかし、無認可業者による斡旋も多い。政府はこれらを一掃して自前のヘルパーを育てたいが、いまだ介護人材の数は少ないという。

もうひとつ抱える問題は、一〇万人以上もいる退役軍人の処遇である。蒋介石軍とともに中国からやって来た人たちだ。中国にすぐ帰るつもりが帰れず（帰らず）、独身のまま台湾で老齢に達した〝おひとりさま〟である。多くが「栄民の家」という施設で余生を送っている。

国民党政府は彼らの老後生活を厚遇し、施設提供、手厚い年金、医療費免除措置などを施した。今はこの公費負担が重くのしかかっている。こうした特殊事情もあってか介護保険の導入実施が先送りされているのが現状だ。

この辺のことは国民党の元兵士の今を記録した台湾ドキュメンタリー映画『老兵挽歌』(林雅行監督)に詳しい。映画のなかで「民進党政権になったら、今の生活が保障されるのだろうか」という不安の声がもらされている(「台湾新聞」)。

恒春は『海角七号』のロケ地

バスの道筋にやたら「檳榔《びんろう》」という看板が目立ってきた。これはヤシ科の植物の実でやや覚醒作用がある。ガムのようにくちゃくちゃ嚙むと、唇が真っ赤になり、ちょっとした陶酔感を味わえる嗜好品だ。元は南洋諸島で熱病の一種を防ぐ作用があるとして口にされたものらしい。台湾では法律で禁止されているわけでもなさそうで(台北では禁止という話もある)、たばこのように売られている。一袋五〇元ぐらいだ。タクシー運転手もハンドルを握りながら嚙んでいる。かつて、一部に阿片吸引の習慣があったが、その郷愁からだろうか。

バスは走る。南国風情はより増してくる。南端の大きな街、恒春《こうしゅん》に到着だ。恒春は一帯の中核都市で街は台湾映画『海角七号《かいかくしちごう》』のロケ地として知られる。タイトルは地名である。あの魏徳聖の監督による日台恋愛物語で、大変な興行成績を挙げた。しかし、街そのものは地味だ。鉄道路線もない。補う意味で恒春空港が開港しているようだ。観光目的で訪れる人は多くはない。

恒春から間もなくすると、バシー海峡につながる南湾という海岸を望める。高雄からおよそ二時間。墾丁国家公園である。

墾丁には土産物店や飲食店が道沿いにたくさんある。海岸には南洋植物が生え、ホテル、民宿が浜沿いに並んでいる。最南端の岬である鵝鑾鼻《ガランピ》方面を眺められる憩いの地だ。富裕層の台湾人が休暇を楽しんでいる。だが、日本人の姿は見かけない。

南湾の原発ドーム

原発ドームの下に海水浴場

海岸に大きなドーム型の建物が目に入る。観光バスが何台も駐車している。台湾第三原発の正面玄関である。施設見学をさせ、原発理解を深めてもらおうとの狙いだ。日本も東日本大震災前には原発の安全性アピールのため、見学ツアーバスが同じように横づけされていたものである。

台湾には原発施設が四ヵ所ある。そのうち北部の第一、第二、そして、ここ第三の三ヵ所が現在、稼働している。北部・福隆近くの第四施設は建設をほぼ完了させているが、日本の「フクシマ」の影響で反対運動が高まり、凍結状態にある。

ここ第三施設は「第三核能發電廠」が正式名称で、通称は地名を取って「馬鞍山《マアアンシャン》発電所」と呼んでいる。発電原子炉は二基。米国製加圧水型で、出力は二基で二〇〇万キロワット弱。日本の標準原発と同規模だ。一九八四(昭和五九)年前後に商業運転を開始し、これまで大きなトラブルを起こしていない。

墾丁一帯はリゾート地として開発されており、南国ムードがたっぷりの景観だ。そこに原発の二つの丸いドームが頭をもたげている。ドームの下は海水浴場である。水遊びをしている人々は原発の安全性を信じているのだろうか。台湾の電力事情、原発事情については、現在、稼働の是非をめぐって議論されている第四原発との関連を踏まえ、後述したい。

3　漂着日本兵を手厚く埋葬……恒春

慟哭の海峡

二〇一四年六月二一日、墾丁近くの恒春半島にある猫鼻頭《マオビトウ》という海辺の公園で、日本人戦没兵士の慰霊祭と平和記念碑除幕の式典が開かれた。

半島の突端付近である。目の前はバシー海峡。戦争末期、南洋と日本方面を行き来する日本艦船は米国の潜水艦などにことごとく沈められた。日本人兵士、乗客らおよそ一〇万人が犠牲になったとされる。日本では「輸送船の墓場」とか「魔の海峡」と呼ばれていた。

亡くなった日本人兵士の一部は台湾最南端のこの海岸に打ち上げられた。一万五〇〇〇人とも言われる。浜辺に漂着した遺体を台湾の人々が収容し、供養した。台湾人はどんな人物であろうと、死んだ人に畏敬を表し、弔い、墓所を用意する習わしがある。

漂着日本兵の慰霊祭（寒雲さん提供）

ノンフィクション作家・門《かど》田《た》隆将《りゅうしょう》の著書『慟哭の海峡』に詳しく書かれている。要約して引用する。

「一九四四年（昭和一九年）、バシー海峡を航行していた玉津丸の船内は大混乱に陥った」

「玉津丸のほかにも多くが撃沈され、一昼夜のうちに実に『二万人以上が戦死』するバシー海峡の悲劇が明らかになる。これを知るのは戦後になってからのことだ」

「バシー海峡で駆逐艦『呉竹』が米潜水艦の魚雷を浴びて、撃沈された。艦と運命を共にした多くの戦死者のなかに、二三歳の青年、柳瀬千尋の名があった。二〇一三年に亡くなった『アンパンマン』の作者やなせたかしの弟だった」

門田氏はこう言う。「やなせさんのアンパンマンには亡き千尋さん、自らの従軍経験、飢え、痛み、死の姿が投影されているのではないか」。自己犠牲的に自分の顔を食べさせるアンパンマン。バシー海峡の戦死者に一口食べさせたいという思いがあったのではないかと言う。

著書によると、生き残った人がいた。静岡県の中嶋秀次さん（二〇一三年没）。中嶋さんら関係者は霊を慰めるため、バシー海峡を望む丘に潮音寺《ちょうおんじ》を開いた。

その潮音寺で先に述べた慰霊祭、平和記念碑除幕式が行われたのだ。私も誘われていたが、残念ながら所用で参加できなかった。慰霊祭開催に協力し、現地に出向いた日本在住の台湾出身女性歌手・寒雲《かんうん》さんに語ってもらう。

彼女は台湾で歌唱力を認められ、日本に移住し、日本を中心にアジア各地で歌手活動を続けているアーティストだ。日本、台湾の懸け橋になろうと、さまざまな日台イベントに参画している。母親は台湾オペラの人間国宝である。

「企画は福井県の福井西ロータリークラブなどが立てました。現地で台湾の高雄ロータリークラブなどと合流しました。平和記念碑の除幕式では潮音寺で台湾のお坊さんが読経してくれました。台湾の人々の熱い心に感激しました。海峡には今も眠る日本兵がいるはずです。バシー海峡という修羅場の出来事を知ってもらえたらと思います」

しかし、死没者の姓名、出身地などはほとんどつかめず、潮音寺を訪れる日本人はやはりあまりいない。

〈ミニ情報〉台湾歌姫、日台の懸け橋に

寒雲さんは歌手である。石川県白山《はくさん》市に住んで三〇年近くになる。台北市生まれ。三歳のとき、両親が離婚した。母親は台湾オペラの演者で、廖瓊枝《りょうけいし》(のちに人間国宝)という。母親の旅役者一座と起居を共にする生活が始まり、台中、台南など台湾各地を流浪して幼少期を過ごした。

「蔣介石時代でしたが、ちゃんと学校に行けました。北京語習得を押しつけられましたが、歌手になっていろいろな地域を回っているうちに言葉の力、共通語の必要性が理解できました。でも、当時、学校で台湾語を話すと罰金を徴収されたこともあります」

「中学生になり、頼まれて結婚式で歌ったらギャラをくれました。その後、台北のレストランなどで歌い、認められて歌手デビューしました。日本の白山市の旅館から専属歌手になってほしいと誘われ、宴会ステージで歌い、旅館で知り合った人と結婚しました。でも離婚しました」

男女三人の子を日本で育て上げた。

二〇〇三年、新型肺炎（ＳＡＲＳ）騒動で、四国・小豆島のホテルに滞在していた台湾人が感染の疑いをもたれたが、サービス医療に参加した医師で、感染者ではなかった。周囲は風評にも惑わされホテルの客は激減した。寒雲さんは子どもの学資保険二〇〇万円を取り崩し、ホテルを借り切って日本人二〇〇人を無料招待した。これは多くの報道で知られたが、本人は「売名行為と思われるのが嫌でした。でも、小豆島の町長さんもホテルの社長さんも喜んでくれました。おカネの使い方を学びました」と振り返る。

各国のコンサートで歌い、ＣＤも出している。なかに「生きる」「雪の手紙」などのバラードやボサノバのリズムを基にした歌曲がある。「ここまで生かしてくれた日本と台湾にメッセージを送るために詞を書き、歌いました」

第5章　日本特急が走る東海岸

1 特急「普悠瑪号」……東海岸

日本列車と同じ仕様で

台湾の東部は太平洋に面している。主な街は南から台東、花蓮、宜蘭である。これらの駅と台北を結ぶ鉄道には日本製列車が活躍している。

まず台北を起点にすると、宜蘭、花蓮、台東方面には特急列車「自強号《じきょう》」が走っている。自強号のほかに「莒光号《きょこう》」「復興号《ふっこう》」と命名された特急も往来している。二〇〇七年には、「太魯閣号《タロコ》」の愛称をつけられた特急が運転を始めた。日立製作所が開発・製造した振り子式車両で、台北駅―花蓮駅間を二時間一〇分で走り、大幅に時間短縮した。さらに二〇一三年には「普悠瑪号《プユマ》」が登場した。普悠瑪は台東周辺の原住民プユマ族にちなんだ列車名だ。製造は日本車輛。これも振り子式だが、より高速運転を可能にし、最速列車は台北駅―花蓮駅間を一時間五九分でつないでいる。その先の台東駅までは三時間三〇分だ。

普悠瑪号の車両の外装は派手で、プユマ族の祭り模様や独特の文様が描かれている。普悠瑪号は台北駅を出ると基隆近くの七堵《しちと》という駅で右折し、旧跡・九份に近い瑞芳《ずいほう》駅付近で山間部に入る。登り路線で、急カーブの連続だが、かなりのスピードを出す。福隆という駅を過ぎてしばらくすると平野部の直線に入り、そこから速度を上げる。

車内は日本の在来線特急と同じ仕様だ。旅客は静かに新聞を読み、パソコンを開き、母親は子どもをあやし、弁当を広げている人もいる。途中、何回か弁当の空き箱など車内ゴミの収集ワゴンが往来する。客がゴミを出すと女性収集員が「ありがとう」と応答する。大陸・中国人は列車に乗ると車内で騒ぎ、大声を出し、ゴミを放り出すなど傍若無人ぶりを見せることも多い。その彼らと目の前の人たちが同根民族とは思えないほどだ。

特急プユマ号

日本の二つの失策

台湾の在来線のレール幅は狭軌である。日本では狭軌を標準軌道と呼んでいる。軌間一〇六七ミリ。世界の「標準軌道」は、ややこしいが、日本でいう広軌で、軌間は一四三五ミリ。日本新幹線の軌道幅だ。

明治以降の日本政府には二つの失策があったという。一つは鉄道建設で狭軌を採用したことだ。技術を英国に頼り、英国では当時、狭軌のメリットが唱えられていた。軌道構造の軽量化、小半径の曲線通過を容易にする利点があり、建設コストも安く上がるからだ。日本はそれを採用し、台湾にも持ち込んだ。しかし、スピードアップには限界があった。のちに改軌論争が生じたが、新幹線では広軌派が勝った。台湾高鉄も広軌仕様だ。

もう一つの失策は日本東西の周波数で、50ヘルツと60ヘルツ問題だ。東日本は欧州の50ヘルツを、西日本は米国の60ヘルツを採用したため、東西交流が盛んになるに連れ、不便をかこつことになった。ちなみに台湾は60ヘルツに設定されている。

さて、普悠瑪号は花蓮駅に途中停車する程度で一挙に終着の台東駅に入線する。台鉄の列車運行は正確で、台風などがない限り、ほぼ時刻表通りである。日本式鉄道運行教育の成果だろう。ただ、普悠瑪号はスピードを出すため、バスほどは揺れないが、多少左右に体を持っていかれ、けっこう疲れる。

2　トビウオの舞う街……台東

七つの原住民が暮らす

普悠瑪号では台北駅から北回り線を使って南下したが、これまで本書は台湾西部を順次南に下ってきたので、円環巡りで、高雄から北上する格好で台東からの旅を再開することにしよう。

高雄から列車で南回り線に乗って、山間部を抜けると海原が開ける。太平洋だ。列車は美しい海岸線をひた走り、二時間半ほどで台東駅に着く。台東駅の玄関には原住民の等身大を超える像が利用客を凝視している。台東は原住民を中心に造られた街だ。プユマ族のほかアミ（阿美）族など七つの原住民が暮らし、今も台東一一万人口の半分を占めている。

オランダの統治前から台東は海上交通の要衝として機能し、交易で栄えてきた。その後、農業、漁業が発展し、製糖業なども加わって大きな都市になった。

原住民についていうと、現在、台湾全体で四五万人が暮らす。台湾政府から認定されている原住民族は一六民族。アミ族、プユマ族、パイワン族、タイヤル族、ブヌン族、セデック族、タオ（ヤミ）族、タロコ族、サオ族などだ。多くは台湾東部と山岳地帯を中心に暮らしている。

彼らを称して「先住民」「先住民族」「少数民族」とする記述も多いが、台湾では語感から「すでに滅んでしまった」、あるいは「滅びつつある」民族と取られることから、原住民は「原住民」の呼称を用いるよう要請し、政府もその表現を慣用するようになった（日本では「原住民」に差別的語感があるとして「先住民」を多用しているが、本書では台湾にならって「原住民」としている）。

台湾文化の形成

原住民は日本統治時代に一括して「高砂族《たかさご》」と命名された。戦後は山地人、山地同胞という呼び名が使われるようになった。山から下りて平地に住むようになった部族は、漢人との通婚や漢族習慣に溶け込んで原住民族としての特質が薄まり、平埔族と言われるようになった。いわゆる漢人化であり、街を歩いてすれ違っても気づく人は少ない。

原住民の台湾に中国人が渡来し、人種的混交が生じた。清朝時代になると台湾に渡った漢族男子は妻子を大陸に置いてきた。男子に忠誠を誓わせるための人質的措置だった。そのため漢族男子は原住民と通婚するケースが見られた。その子孫である現代台湾人は「DNAは入り混じり、今は大陸の中国人ではない。われわれは台湾人だ」と大陸と一線を画す声も大きい。

文化に関しても台湾人識者はこう語る。「日本は中国、朝鮮文化を吸収しながら日本独自の文化をつくり上げた。台湾も中国や東南アジアなどの文化と接し、台湾文化を形成してきた。すでに亜流ではない固有の文化になっている」

また、「台湾語にはタイ語の基層部がそのまま使われているのだ。これだけでも、中国語と台湾語がいかに違うか分かるだろう」(黄文雄著『日本語と漢字文明』)との指摘もある。台湾の独自性の主張だ。

台湾の大学の調査によると、自分を中国人と考える人は三・五パーセントに過ぎない。文化も言葉も大陸の延長線上にはないとする考えが、今の台湾では支配的になっている。

高砂義勇隊の武勇

高砂族など山地原住民は抗日運動も起こしたが、日本の戦争中には志願兵として入隊する人も多かった。日本統治政府が「陸軍特別志願兵制度」を設けたところ、志願者が続出した。日本のための戦争出征に、親族は日の丸と万歳で彼らを送ったという。

南方戦線における高砂義勇隊の戦いぶりは日本でも知られている。先に海軍体操のときに触れた堀内豊秋大佐は、落下傘部隊のインドネシア・メナド降下作戦やパレンバン空挺作戦で成功を収めたが、高砂族の武勇に負うところが大きかった。台北近郊の山岳地・烏来《ウーライ》というタイヤル族の居住地区には、烏来高砂義勇隊の霊魂を祀り、活躍を顕彰する碑が建立されている。

「台湾の皇軍兵士」となった原住民は、日本に反発を覚えながら、最前線に躍り出、日本人になりきり、日本のために戦った。日本は兵役を強いたわけではなかった（戦争末期には徴兵した）。日本軍は台湾志願兵を内地人（日本人）同様に処遇したからという見方もある。彼らは戦争で手柄を立て、日本に重用されることを期待していたともされる。朝鮮半島で唾棄された兵役徴用とはちょっと違うようだ。

首狩りの風習

台湾政府は現在も原住民の文化、習慣、伝統、芸能を尊重している。部族ごとに言葉が異なり、台湾語も解さない彼らは、他の部族、台湾政府との話し合いに日本語を用いることも多かった。それも日本人が忘れた言葉を使って。原住民には「日本」がまだ色濃く残っているのだ。

ところで、気になるのが過去、原住民の一部に見られた首狩りの風習である。首狩りを「出草《しゅっそう》」と言う。草叢から躍り出て背後から襲い、首を取る。しゃれこうべを村の一角に並べ、数を誇る。数の多さで敵対勢力（他部族ら）を示威し、武勇を伝えるための神聖な行為だったという説もある。牡丹社事件で殺された宮古島島民の頭蓋部がなかなか見つからなかったというが、これもその証《あかし》だろうか。風習のなぜかは専門書に譲るとして、参考論文を紹介する。

「……ニューギニヤの祭儀・神話で注目されるのは、殺害によってもたらされる死によってはじめて、人間の食糧とする植物、ヤムイモ、ココヤシなどが生じるとされていることである」

「イモ栽培民だからこそ生命力あるものの《殺害》が新しい生命の獲得のために行われる。こうしてはじめて《殺害》が新生命を得る前提となるという神話の根源的な意味が承認されるだろう」（大野晋著『日本語はいかにして成立したか』）

日本で出土する土偶はバラバラでしか見つからない。《殺害》の代理という見方もある。『台湾俳句歳時記』にもこうある。

首狩は遥かなる故事豊年祭（作句・北條千鶴子）

特別な意味を持つトビウオ

台東から南東九〇キロの海上に蘭嶼島《らんしょとう》という小さな島がある。台東から船、飛行機が出ている。トビウオの通り道であり、トビウオの聖地である。島に住むのは台湾唯一の海洋原住民のヤミ（タオ）族。漁の名人揃いだ。春から夏にかけてのシーズンになると、「チヌリクラン」（タタラ舟とも言う）という人力木造船を操り、トビウオを追って海洋を漂い、灯火をかざしておびき寄せ、取り込む。

トビウオは彼らにとって特別な意味を持った魚である。私は日本語の由来に関心を抱き、南方言語、台湾、日本語という関係を調べ、漁法との関連を調べてみた。すると、ポリネシアなどの海洋民族もトビウオを神聖な魚として扱い、出漁前の儀式のあと、群れを追って海原に出陣していることがわかった。漁法も似ている。

トビウオは黒潮に乗って台湾海域から日本近海に現れる。対馬海峡辺りの日本海側では魚名がアゴに変わる。西日本でもかつて小舟で同じような漁法でトビウオを網に追い込んでいたのだ。南方、台湾、日本には似たような浦島伝説がある。それも黒潮の流れが成したことであろう。

黒潮は海上の道であり、文化結節の道でもある。二〇〇五年に製作された台湾映画『飛び魚を待ちながら』（原題『等待飛魚』）が蘭嶼島の生活、漁の様子などを描いている。ラブストーリーだが、背景の島模様が理解の一助になる。

荒海に踊るは父祖の飛魚《とびのうお》（作句・楊海瑞、『台湾俳句歳時記』）

そんな時間がゆったり流れる島に、一九八二（昭和五七）年、台湾電力が原発の低レベル放射性核廃棄物貯蔵施設を設置し、密封ドラム缶を運び込んだ。住民の知るところとなり、反対運動で政府は撤去方針を示したが、他に移管する場所もなく、廃棄物の行方は混沌としている。日本でも九州南端の小さな島に使用済み核燃料の中間貯蔵施設を建設する構想があったが、計画は進んでいない。

台東の沖には緑島《りょくとう》（火焼島《かしょうとう》とも言う）が浮かぶ。きれいな名前で、海辺の朝日温泉では人々が平和の湯に浸かっている。ここは暗黒時代、政治犯とされた人々の収容島だった。政府批判のひと言、ひと筆で拘束され、ここに送られたのだ。しかし、収容所行きが決まると、ほっとしたという人もいるらしい。死刑ではなかったからだ。

旧駅舎はギャラリーに

台東駅は旧来の路線を外れて新しく造られた駅だ。旧駅は廃線となって遺構として保存されている。新駅移設の理由はできるだけ直線で走るためだ。ちょっと北の花蓮駅、蘇澳《そおう》駅なども市街地の旧駅を離れたところに同じような理由で新駅が造られている。

台東新駅からタクシーで一〇分ほどの海岸方面に旧駅（総站）がある。正面から見ると、どこにでもある新しい三階建ての鉄道ビルだが、裏手に回るとかつての旧駅が残されている。板張りやコンクリートのホームがそのままで、当時の「台東」の駅表示が掛かっている。六、七本の線路は雑草に埋もれていた。いにしえの鉄道駅風景は幼少時の夏休みに訪れた田舎のホームを思い起こさせる。

トビウオ漁のチヌリクラン

ビル内はギャラリーになっている。中央に現物とみられる舟長五、六メートルのカヌーが陳列されている。チヌリクランである。蘭嶼島のトビウオ漁で活躍した舟だ。尖った先端が上に突き出て、赤、白、黒の独特の紋様で装飾されている。女性が乗ることは禁忌らしい。

台東ならトビウオの水揚げ港があるはず、と港をさがす。市内からタクシーで二〇分ほどのところに富岡漁港があった。潮の香がたっぷり漂う小さな港に漁船が蝟集《いしゅう》している。鮮魚店には赤い魚、マンボウのような魚が積まれ、まじってトビウオ、カツオがケースに入っている。店の人に聞くと「沖で捕れたトビウオですが、本場は蘭嶼島です。今が漁期ですから、揚がっていますよ」。蘭嶼島ではトビウオを干物にする。この店にも大きなトビウオの干物が積まれていた。アゴの出汁のように使い、また、炙《あぶ》って千切り、食べるという。年間の保存食だ。タオ族の神聖な伝統は日本にも生き、日本の食卓にも通じている。

港で働く人々は顔形、皮膚の色から原住民のようだ。真黒の上半身を露出させ、網の繕いに汗を流していた。

3　尼寺に見た終活……花蓮

普明寺は原住民の信仰の中心

台東駅から列車で北上すること二時間で花蓮駅に着く。台湾三大国際港のひとつの花蓮港を抱え、大理石の街としても知られる。

花蓮駅（新駅）からタクシーに乗り、中央山脈に向けて二〇分ほど走ると、山裾に小さなお寺が堂を構えている。「普明寺」と言う。住所は花蓮県秀林郷佳民村。日本のどこにでもある鎮守の森の素朴な寺社のようで、ひっそりと建っている。

しかし、歴史ある寺だった。日本統治時代、原住民による抗日事件が多発し、疫病が蔓延し、世情は騒然としていた。当時、花蓮の製糖工場で働いていた嘉村忠吾《かむらただご》という日本人が平穏を願い、故郷の佐賀県から地蔵菩薩像を持ち込み、一九二二（大正一一）年、ここに廟を建立した、とある。

普明寺住職の慧宝さん（左）

「恵門山地禅寺」と命名され、村人らがお参りに来るようになり、地域は安寧を取り戻したという。その後、普明寺と名称が変わり、いまは原住民らの信仰の中心になっているという。

一九六〇年代、釈證嚴《しゃくしょうごん》という尼僧が普明寺の裏手にある小屋で修行した。彼女は戦争の残酷さ、近親者の死に直面して出家し、法華経を中心に学んだ。その後、普明寺を離れ、近くに「静思精舎《じょうししょうじゃ》」という一堂を構えた。静思精舎は本堂や修行場所などいくつも立派な堂舎を抱え、整備された庭園が寺を囲んでいる。参拝者がぞろぞろ歩き、賑わいを見せている。今、寺は一つの宗派になっているようだ。釈證嚴は法師としての活動に加え、慈善事業を展開し、台湾のマザー・テレサと呼ばれるようになった。

一方の普明寺は参拝者もなく、静寂に包まれ、ひっそり閑としていた。

「日本から来ました。住職にお会いしたいのですが」

アポイントもなく訪ねた私を、堂の尼さんはニコニコしながら迎えてくれた。日本の立正大学で学び、日本語が少しできる釈得恂さんという尼僧だった。

「嘉村さんはよく知っています。お孫さんがこの前も来てくれました。この辺で嘉村さんの名前を知らない人はいませんよ」

お孫さんとは嘉村孝さん。東京都内で弁護士事務所を開いている。嘉村孝さんから事前に祖父のこと、普明寺の所在地などを聞いて訪ねた。

親切な尼さんたち

釈得恂さんによると、寺には六〇歳代以上の九人の尼さんが起居し、修行に励んでいるという。住職は慧宝師父。師父は師匠という意味で、男女問わずの尊称という。住職は本堂隣の寺務所(事務所)の椅子に座っていた。九三歳という。耳が遠く、日本語はほんの片言だけ。地元語と思われる言葉を釈得恂さんを介して聞いた。

「私の故郷はこの地です。二十数年前に剃髪し、お寺に入りました。原住民の拠りどころです。毎日起きると経を読み、食事をし、午後は戒律を勉強しています。ときには他の寺廟に参ることもあります」

寺務所には得度した尼僧服姿のみなさんが入れ替わり現れ、修行で引き締めた顔を緩めて話しかけてきた。尼さんたちはいたって健康、元気そうで、顔の色つやにも張りがあった。菜食中心の食事と修行が「病気もせずに」ということなのだろうか。

生涯独身なのか、家族がどうなのかについては聞かなかったが、修道院を思わせる尼寺に籠るには、それなりの事情があったのかもしれない。しかし、明るい。世俗を離れ、自然に囲まれ、「ここで生きる」という気力が充実を生んでいるようだった。

尼さんたちは「お茶をどうぞ」「果物を召し上がって」「昼ご飯を一緒にしましょう」と歓待してくれた。遠慮して引き揚げようとすると「これ、持っていって」と何やら差し出してくれた。粽《ちまき》やお土産が入った紙袋だった。袋には味付け海苔、ふりかけ海苔、スナック菓子類などが詰め込まれていた。一見《いちげん》でやって来た日本人にこんなことをしてもらえるとは。ありがたくちょうだいした。

タクシーで花蓮の駅に戻り、駅前のベンチで粽の笹の葉を広げた。

ちょうど端午節（陰暦五月五日）の日だった。しかし日本の端午の節句の粽とはちょっと趣旨が違うようだ。

楚《そ》の詩人・屈原《くつげん》が王に国の危機を進言したが、受け入れられず、国の将来を悲観して川に身を投げた。人々は遺体が魚に食べられないよう、笹の葉に米を詰めて川に撒き、これを魚の餌にすることで屈原を守ろうとした。そして亡骸《なきがら》を捜そうと先を争って舟を出した。これが粽とドラゴンレースの由来と伝えられている。

粽を頬張った。根菜、山菜などが入っていた。川の魚になったようにパクついた。鶏肉と思われた具はコンニャクを肉に模したもののようだった。

4　冷泉蘇澳に日本から遊泳……蘇澳

日台漁業交渉の漁場

台東駅から花蓮駅を経てさらに北上すると蘇澳新駅に出る。コンクリート製造の工場施設が駅周辺を取り巻き、なんの風情も感じられないところだ。線路には日本では見かけなくなったコンクリートや砕石を運ぶ無天蓋の黒い貨車が連なっている。新駅から支線で一〇分ほど行くと蘇澳駅に着く。ここは市街地である。駅前に駅弁食堂の「福隆弁当」という店がある。本店が宜蘭にあり、支店、鉄道駅などでも販売している人気の弁当屋だ。鶏肉、豚肉がどかっと載った弁当で台湾の弁当はどれもボリューム満点だ。台湾人は本当によく食べる。

タクシーで一〇分ほど行くと南方澳という漁港がある。漁港は三方を山に囲まれ、天然の良港になっている。漁港の防波堤になっているのが豆腐岬という砂州で、きれいな海浜公園が広がっている。湾内の岩が豆腐に似ているので豆腐岬と呼ばれるようになったそうだ。

ここから日本の与那国島までおよそ一一〇キロ。日本に一番近い台湾だ。東日本大震災の年の九月、日本のスイマー六人が与那国島からリレー方式で蘇澳の海岸に向かって泳いだ。五二時間かけて泳ぎきり、台湾の海岸を摑んだ。日本の震災被害に多額の義捐金を送ってくれた台湾に、感謝の意を表すイベントだった。

南方澳漁港には漁船がひっきりなしに出入りし、活気にあふれている。台湾三大漁港の一つと言われている。港に揚がるのは近海魚で、サバが中心という。埠頭の食堂、土産物店からは焼きサバの匂いが漂ってくる。観光バスが横づけされ、台湾人や中国人観光客がどっと降り、特産の干物類や魚介加工品、貝細工などを買い込む。

中国、日本間で揉めている尖閣諸島（魚釣島《うおつりしま》）の所有権問題で、台湾も領海主張をし、二〇一二年九月、この南方澳港から漁船が大挙して魚釣島方面に出港した。日本政府は「台湾までが」と驚いたが、台湾船は島の手前でUターンし、帰港した。黒潮がぶつかる尖閣周辺は台湾にとっても好漁場。日本の所有権主張に漁民は不満を募らせていた。

しかし、内実をみると、尖閣デモは中国寄りの勢力が仕掛けた工作とされている。中国との取引で潤っている台湾企業が燃料代などを支給していたという報道があるからだ。二〇一三年になると、日台は漁業交渉を開き、日本は尖閣諸島周辺における台湾船の操業を特例的に認める措置を取った。中国を牽制する狙いだ。日台尖閣問題はとりあえずこれにて一件落着となった。しかし、最近は大陸、台湾ともに鮮魚志向が高まり、彼らの海では捕れないサンマなどを日本近海まで出張《でば》ってごっそり網に入れている。こちらは落着先がまだ見えない。

海岸沿いに媽祖廟

南方澳港には南天宮、進安宮という立派なお寺が海を見据えている。海の平穏を願って建立された媽祖廟である。南天宮は翡翠の媽祖像、進安宮は珊瑚の媽祖像で、いずれも宝飾に包まれながら、海に出掛ける船舶に慈愛を投げかけている。媽祖は台湾人に広く信奉されている神である。

媽祖とは何か。その昔、大陸・福建省に生まれた林黙娘という少女が、病を治し、水害から人を救うなど奇跡を起こした。しかし、父親が海難に遭って行方不明になり、それを悲嘆して二八歳で亡くなり、神になったと伝承される。

まだ原住民しかいない台湾に、大陸南方から新天地、あるいは好漁場を求めて海を渡る人々がいた。荒海の台湾海峡を渡るには難破、遭難も覚悟だった。官憲の目も盗まなければならない。

海を乗りきった大陸人は、水神になった媽祖に感謝し、海岸沿いを中心に媽祖廟を建立した。航海・漁業の守護神として親しまれる存在になったわけである。

ラムネと焼き鳥

蘇澳で有名なのが冷泉《れいせん》。駅前から歩いて数分の場所にある。広大な敷地の園内に大きなプールがある。実はプールではなく、冷泉が湧き出る浴場だ。夏は水着姿の冷泉客が体を沈めている。ログハウス風建物には個人浴室がある。家庭用風呂より若干大きめの浴槽に浸かる。足を入れれば冷たいが、我慢して浴槽でじっとしていると、次第に体がぽかぽかしてくる。冷たくても炭酸泉が体に浸透し、温泉効果が出るのだという。

冷泉前の土産物店は炭酸泉を利用したラムネを売っている。日本で懐かしいビー玉が入った瓶。女将は「そうです。日本時代からのものですよ」。押し込み式の蓋開け用具でプシュッと開ける。湯（?）に浸かった体に染み込む。

蘇澳の次の大きな都市は宜蘭。今は台北から雪山《せつざん》トンネルを抜け、宜蘭市街に至る高速道路が完成している。市街はのっぺり平坦としている。紹興酒、ウイスキーなどの酒造工場には酒文物館が併設されている。酒造工場は日本統治時代のもので、現役で稼働している。酒文物館では試飲酒が並び、これを楽しみに訪れる人も多い。街にはやはり夜市がある。道路下で規模は小さいが、試飲酒を飲み、ここで焼き鳥を頬張れば安上がりだ。

今も残る「西郷堤防」

宜蘭の街付近には宜蘭河という大きな川が流れている。暴れ川で雨期になると氾濫し、農民を苦しめていた。日本統治初期の一九〇〇（明治三三）年、治水事業が始まった。一九二〇（大正九）年に八田與一がダム建設を手掛ける随分前のことである。指揮官は西郷隆盛《さいごうたかもり》の息子、菊次郎《きくじろう》。宜蘭庁の庁長（知事）として赴任し、住民の信を得ようと堤防工事を計画した。日本から専門技師を呼び、洪水対策を成就し、農民の不安を取り去った。地元では今も「西郷堤防」と呼んでいる。

宜蘭・南澳郷に「サヨンの鐘」という記念碑がある。ここも警察官物語に由来する。一九三八（昭和一三）年、この地に赴任していた日本人巡査に召集令状が届き、出征することになった。巡査が山を下りる際、原住民の少女、サヨン・ハヨンが荷物を担ぐと申し出た。一行は山道を街に向かったが、悪天候下、サヨンは川に落ちて亡くなった。

巡査は治安、生活指導、衛生指導のほか教師の役などに当たり、職務を献身的にこなした。そして村人から慕われた。その恩に報いようとした少女が犠牲になった。少女のけなげな〝愛国心〟を讃えるために鐘が供えられた。サヨンの鐘である。

サヨンの鐘の出来事は、西條八十《さいじょうやそ》作詞、古賀政男《こがまさお》作曲で、渡辺はま子が歌う歌謡曲になった。さらに、李香蘭《りこうらん》（山口淑子《やまぐちよしこ》）主演の映画にもなった。美談は日本国内に広がった。感動する台湾人、日本人。しかし、原住民同化政策や皇民化運動のPRのためという不純な動機が込められていたのも実際のところだ。

5　凍結された龍門原発……福隆

日本軍初上陸の地

宜蘭から台北に行く特急は込んでいた。祖先の墓参りをする四月の清明節とぶつかったからだ。台湾ではお彼岸、お盆に墓参りする習慣はないが、清明節には一族が故郷に集結し、祖先を敬う日になっている。その人々が台北方面に帰るため、駅は人であふれていた。

列車は宜蘭から太平洋を望みながら北上する。洋上に亀山島《きさんとう》が浮かぶ。過疎の島だったが、いまは観光地として整備されている。さらに北上すると、台湾鉄路の北回り線は太平洋沿いを離れ、基隆方面に向けて大きく左カーブする。間もなく福隆駅だ。この駅は通過する特急列車もあるので注意が必要だ。車内アナウンスはあるが、聞いていてもよくわからない。北京語、閩南語、客家語、英語が次々と流れてくるからだ。台湾系飛行機も乗員が交代で何種類かの言葉をしゃべり、忙しい。多言語の国であることが知れる。

福隆駅前には数台のタクシーが客待ちをしているが、運転手はあくびをしている。数軒の旅館や土産物店が並ぶが、ここも利用者の姿はない。歩いて一〇分前後で海浜に出る。美しい砂浜が左右に延び、しゃれた喫茶店、レストランがある。リゾート地だ。

海水浴場から少し西の澳底《おうてい》という地区は、日本が清朝から台湾の割譲を受けたあと、北白川《きたしらかわの》宮能久親王《みやよしひさ》率いる近衛師団と日本軍が合流し、初上陸した地だ。台湾には日本に抵抗し、独立を宣言しようとする動きがあり、基隆への直接上陸を避け、この地から基隆に攻め入ったわけである。北白川宮能久親王はその後、現地でマラリアに罹り、亡くなった。上陸地点は今では鹽（塩）寮海浜公園となり、園内には抗日記念碑が建てられている。

稼働できない日の丸原発

リゾート地として人々が憩い、歴史的出来事を残す海辺の街だが、無粋なコンクリートの建物が目に入る。建設途上にある原発施設だ。所在地は新北市《しんぽく》貢寮《こうりょう》区。ここに二つの建屋ができあがり、原子炉二基が収容されている。

台湾第四原子力発電所（第四核能發電廠）である。「龍門《ロンメン》発電所」と言われる。米ＧＥが元請けだが、実質、一号炉は日立製作所、二号炉は東芝グループが施工主体だ。〝日の丸原発〟である。一九九九年に起工され、原子炉は最新の改良型沸騰水型軽水炉（ABWR）で、一基の出力は一三五万キロワットの能力を有し、日本の〝上級原発〟に匹敵する。

ところが、プラントがほぼ完成し、稼働待ちの状態になっているなか、現在まで商業運転ができないままになっている。民進党が反対姿勢にあり、そのうえ福島事故が輪をかけた。台北で一〇万人規模の反対デモが繰り広げられ、結果、凍結状態になっているのだ。総統だった国民党・馬英九政権は推進派だが、反対行動から沈黙したままだった。凍結か凍結解除かは二〇一六年一月の総統選にかかっていたが、民進党が勝利したことで、凍結状態が続くのか別の解決策を選択するのか、何らかの動きが出よう。

凍結された原発施設

前章でも触れた台湾の原発問題だが、ここで実情を整理しておく。台湾の電気事業は「台湾電力公司」が発電、送電、売電まで一貫して手掛けている。ほぼ政府出資の企業だ。かつて、台湾の電力は水力に頼っていた。その後、石炭火力を導入し、石油、LNGにも依存するようになった。しかし、工業化、電子産業の進展、電化生活の普及で電力供給のさらなる充足が求められた。このため火力増強計画もあったが、国内のエネルギー資源は乏しく、また、水力も開発余地が少なく、原発の力を借りることになった。

一九七八（昭和五三）年、金山《ジンシャン》原子力発電所（第一核能發電廠）を建設、稼働させ、原発による電力供給に踏み切った。現在、原発施設は四ヵ所ある。第一がこの金山発電所で台北北部の金山付近にある。第二の国聖《クオション》発電所は金山と基隆の間に設けられた。第三は前章で述べた南端の馬鞍山原発で、計三ヵ所六基が稼働している。六基は全電力供給量の二〇パーセント前後を生み出している。フランスが七六パーセント、韓国約三〇パーセント、日本二七パーセント（震災前のフル稼働時）、米国二〇パーセント、中国は二パーセントだ。台湾の原発依存度は多過ぎず、少な過ぎずといったところか。

台湾政府は原発批判の声が高まるなか、ＬＮＧなど天然ガス、再生可能エネルギーの増強方針を示した。しかし、どの国も同じで、天然ガスは価格変動があり、再生可能エネルギーは供給不安定というネックを抱える。原発に経済活動、市民生活を託さざるを得ない状況にある。

台湾の電力供給力は今のところ輸入ＬＮＧによる発電が順調で、まだ余裕があるというが、電力資源をほとんど輸入に頼り、台湾経済の圧迫要因になっている。二〇一四年の全輸入額中、火力発電などに用いる鉱物性燃料輸入額が二四パーセントを占めている。日本も原発が止まり、化石燃料の輸入が増え、貿易赤字に転落した。資源がないのは日本も台湾も同じ。原発の功罪を考えながら、原発なしの経済活動、生活が可能なのか、現実的論議が必要だろう。

第四原発も海浜に建造され、真下と言ってもいいところに福隆海水浴場がある。親子連れなどが水遊びに興じているその砂浜から箱型の原発ビルが間近に見える。第三原発、第四原発のプラントはいずれもリゾート地と一体となっている。大きな事故がないから原発アレルギーが薄いのか、安全性の証として意図的にセットにしたのか……。

駅前で客待ちしているタクシー運転手に聞いた。「原発の工事がストップしてお手上げだよ」。旅館のあるじも「工事の人が来ないので、宿泊客ゼロが続いています」。東京電力の柏崎刈羽《かしわざきかりわ》原発が止まったままの新潟で、同じような声を聞いたことがある。

〈ミニ情報〉　駅に〝ベントー！〟の声

福隆駅に列車が止まると、ホームで駅弁売りのおばさんが「ベントー、ベントー」と叫んで走り回っている。

おばさんは弁当を入れた籠を肩から提げている。乗客は乗降口まで来ておばさんを呼ぶ。客は代金を払い、弁当を手に車内に戻る。信越本線・横川駅でかつて見られた「峠の釜めし」の販売そっくりだ。弁当の中身は排骨飯《パーコーハン》などで、これもボリュームたっぷりだ。

日本語で書けば「弁当」だが、台湾では「便當」の漢字が用いられる。発音は北京語で

「ビエンダン」だが、日本時代の「ベントー」で十分通用する。台湾語では「飯包《ペンパオ》」と呼ばれる。別に「ベントン」という言い方もある。

台湾の言葉は複雑だ。台湾には南洋系原住民、中国南方系漢族、それに北方系漢族、客家人らが同居している。出身地ごとに言語が異なる。そのうえ、日本統治時代に日本語、蔣介石時代に北京語の習得を強制された。

大陸南部の閩南語から派生した台湾語(台語、ホーロー語、福佬語とも言う)が母語のはずだが、北京語が「国語」にされた時代から、台湾語の流通は減ってきている。

牡蠣は北京語で「ムーリー」と読むが、台湾語では「蚵仔」と書いて「オ(ウ)ア」と発音し、全く異なる。蚵仔煎はあの牡蠣入りオムレツのことだ。日本の方言の違いどころではない。私にとって台湾語はアラビア語にも等しい。

台湾のお年寄りは日本時代の教育で日本語を話す人が多い。台湾に日本語はまだ相当生きている。「味素」は「味の素」、出張、病院などは発音がやや違うが、そのまま書いて意味は同じ。日本語の字と発音が似ているのは海苔、味噌、寿司など。日本語の発音を借りたのが、台湾映画のタイトルにもなった「多桑(トオサン)」(父さん)が代表格だ。映画で父親は中国製のラジオが壊れると「日本製じゃないからだめなのだ」と怒る。侯孝賢《ホウシャオシェン》監督の『非情城市』の脚本を担当した呉念真《ごねんしん》監督作品だ。

おでんは「黒輪」で、黒輪は台湾語で「オーレン」と発音されることからおでんに当てた。コンビニではおでんを関東煮として売っている。日本で使われている外来語のブラジャー、ラジオ、ガスなども発音を借りている。そのほか、章魚（ターコ、タコ）、畳、水道、刺身などの言葉も今に生きている。日本の言葉は台湾にあふれている。

台湾の原住民語はオーストロネシア語族（マレー・ポリネシア系）に属している。したがって原住民は東南アジア、ポリネシア方面からやって来たと考えられるが、最近の研究ではオーストロネシア語族の祖形を保持していることから、逆に台湾から南方に向かって拡散したという説もある（この項、ウィキペディアを参照した）。

各原住民に独自の言語が生まれ、原住民同士のコミュニケーションが困難になるという時期があった。そこで片仮名で覚えた（覚えさせられた）日本語を共通言語として活用する場面も生まれた。宜蘭のタイヤル族の一部では村全体が日本語を〝公用語〟にしたという話もある。

福隆の駅弁売り

第6章　テレサ・テン眠る台湾北部

1　日本に世界最高の義捐金……十分

渓谷美が広がる平渓線

福隆から列車で基隆方面に向かい、三〇分ほど揺られると瑞芳《ずいほう》という駅に着く。九份や金の採掘地だった金瓜石など観光地への玄関口だ。この駅から平渓線というローカル線が出ている（台北側起点は七堵駅、八堵《はっと》駅）。平渓線は福隆方向にやや戻ると、最近、猫村として知られるようになった猴硐《ほうとん》駅、三貂嶺《さんちょうれい》駅付近で本線と分かれて右に折れ、基隆河沿いに登る。渓谷美が売りの路線だ。

この鉄道は台湾が石炭の搬出列車用に建設し、その後、台湾総督府が買収したものだ。当時は沿線各所に炭鉱があり、日本にも送り出されていた。石炭が枯渇し、エネルギー源が石油、原子力に取って代わられた今、この炭鉱は役目を終えている。石炭景気に沸いた沿線は過疎化が進んでいるが、鉄道は観光列車を走らせることで生き延びた。

列車は杣《そま》道のような崖縁の線路をあえぎながらゆっくり登る。いくつものトンネルを抜け、およそ三〇分で十分《じっぷん》という駅に着く。線路際の商店は線路上に商品棚を置き、客を待つ。列車が近づくとすかさず取り込む。手慣れたものだ。ひとつの風物になっている。

十分は天燈《ランタン》祭りで知られる街だ。各地持ち回り開催のイベントと違って、ここでは毎年、元宵節前後に実施されている。祭りの日でなくても線路から天燈が上がる。高さ一メートル、直径五〇センチほどの天燈に観光の若者らは願い事を書き込み、天に放つ。熱気球の原理で飛ばすが、中空で引火し、落下するものも多い。

かつては通信手段として利用されていた。一九八〇年代に炭鉱が閉山し、街起こしとして天燈祭りを開催するようになった。過疎の地に開催日だけは観光バスがやって来て、観覧客であふれる。

十分にはこのほかに東洋のナイアガラと言われる十分瀑布もある。駅から歩いて行ける距離だ。平渓線の沿線には日本家屋が保存され、終点の菁桐《せいとう》駅には日本式の古風な木造駅舎が残っている。

竹筒に込められた感謝

十分駅の売店に長さ三〇センチほどの竹筒がいくつもぶら下がり、文字が書かれていた。「東日本大震災では義捐金をありがとうございました」。日本人が書いたのだろう。「日本の復興を信じています」。台湾の人のメッセージだ。震災地への激励と援助に対するお礼の気持ちが何本もの竹筒に込められていた。

台湾は他国に先駆け、いち早く救助隊を日本に送り込んだ。台湾中部大地震のときの日本の救援隊の一番乗りと活躍に対する答礼でもある。同時に義捐金を募った。二〇〇億円が集まった。世界で最高額レベルである。

台湾中部の台中の高校では、学内募金で生徒一人が一〇〇元を寄せ、五〇万元（約一五〇万円）を集めた。学校理事会の一〇〇万元と合わせ、赤十字社台中支部に届けた。高校生にとって一〇〇元（三〇〇円）はお弁当が二つ買える金額だ。台中の大学では学生が「歩いたり、走ったりして募金を行った」という。あるキリスト教の牧師は「台湾大震災のとき、赤い制服の日本救助隊が倒壊ビルから被災者を担架で運び出す光景を目撃し、涙が止まらなかった」ことを思い起こし、日本支援に協力した（この項、盧千恵著『フォルモサ便り』を参照した）。

日本の震災発生から数日後、東京電力本店（東京・千代田区）に一本の電話が入った。社員が電話を取った。台湾の某大手企業からだった。「日本のおかげで会社を発展させることができました。つきましては震災のお見舞いを差し上げたいのですが」。社員は上司に相談し、ありがたく申し出を受けることになった。驚いたのは億単位の援助金だったことだ。東電バッシングのさなか、台湾からの厚情に社員らは涙を流して感謝したという。

2　日本眺めるテレサ・テン……金山

海運交易の中継港

スペインが基隆に上陸し、現在の海辺の和平島《わへいとう》にサン・サルバドル城を築いたが、オランダに駆逐され、撤退した。日本は台湾の割譲を受けた後、基隆に入り、港湾を海外への輸出や日本への石炭の積み出し基地にしようとした。だが、港湾は水深が浅く、大型船の寄港に適さなかった。そこで台湾総督府は港湾整備にかかり、浚渫《しゅんせつ》、防波堤工事を施した。総督府は基隆港の整備とともに、基隆—高雄間を結ぶ幹線鉄道の建設にも着手し、南北の物流路を確保した。

太平洋戦争中は海軍基地となり、物資輸送の拠点になったため、米軍の爆撃対象となった。埠頭に停泊していた船舶は大きなダメージを受けた。日本が敗戦すると、台湾に居住していた日本人や兵士らはこの港から引き揚げ船に乗って日本に帰還した。

戦後、台湾当局が懸命に復興作業を進め、爆撃で機能を失っていた基隆港を近代的な港に造り上げた。そして今、海運交易の中継港として世界各地から大型コンテナ船が出入りする国際港となった。

台湾には夜市が数多くある。基隆駅から歩いて一〇分ほどの基隆夜市は港町の利点を生かし、海鮮で勝負する夜市だ。シャコ、エビ、カニ、マテ貝、牡蠣などが屋台にどっさり積まれ、日本では沖縄辺りでしか獲れないセミエビと思われるウチワエビが無造作に売り台に載っている。日本人同様、海に囲まれた台湾人は魚介が大好きなのだ。

基隆から金山行きのバスが出ている。バスは東シナ海に浮かぶ島々を遠望しながら海岸沿いを走り、終点の金山に至る。金山は台湾本島の最北端に近く、漁港、海水浴場、温泉の地として知られている。

台湾人の誇り

金山からタクシーで二〇分ほどの山裾に鄧麗君が眠る金宝山墓苑が広がっている。鄧麗君とは歌手テレサ・テンのことである。墓苑はきれいに整備され、墓石が段々畑のような斜面に並び、海を向いている。その一画にテレサ・テンのお墓と金色に装飾された銅像が立っている。

彼女は台湾の人々の誇りだ。活躍の舞台は台湾、日本、香港、フランスなどだった。「空港」「時の流れに身をまかせ」(我只在乎你)「愛人」「つぐない」など数多くのヒット曲を飛ばし、聴衆を魅了した。歌声はアジアだけではなく欧米人の心も摑んだ。しかし、一九九五年五月、突然のように去った。気管支喘息による呼吸器不全。四二歳だった。二〇一五年五月は没後二〇年に当たり、日本や台湾でメモリアルコンサートが開かれた。

お墓には歌声が流れ、銅像は喝采の拍手が鳴りやまなかった日本のステージを海峡越しに眺めている。

テレサ・テンの父親は国民党の軍人で、中国共産党に敗れた蔣介石軍とともに台湾にやって来た。いわゆる外省人である。テレサ・テンは台湾中部の雲林県に生まれた。外省人は台湾で優位にあったから、貧しい生活ではなかったはずだ。

墓苑のテレサ・テン像

ちなみに国民党軍人らは一九四九（昭和二四）年、一〇〇万人が台湾に押し寄せて来たと言われている。本省人と摩擦が起こらないはずがない。象徴的なのが二二八事件などの国民党・外省人による虐殺だ。

本省人は「もう、中国人ではない」としても、外省人は威を高くして中国への同化を強要する。対立の根源だ。すでに触れたことだが、あらためてわかりやすい説明を引用する。

「大陸からやって来た台湾人の祖先達は、すべて『羅漢脚仔』といわれた独身男性だった。女性は国外に出ることは許されていなかったので、彼等は原住民の女性と通婚した。この混血人種が〝台湾人〟なのである」(蔡焜燦著『台湾人と日本精神』)。台湾人は固有に台湾人という意味だ。しかし、今の人々は融合していることもすでに述べた。

政治に利用されて

テレサ・テンは早くから歌唱に才能を発揮し、芸能界で認められ、アジア各国、日本などで活躍するようになった。父親はかつての敵国だった日本への彼女の渡航を苦々しく思っていた。彼女は振り切って日本に向かい、デビューした。レコードは爆発的な売れ行きとなった。

一九八〇年ころ、彼女が歌うカバー曲「何日君再来《ホーリーチュンツァイライ》」が大陸に流れ、多くの中国大衆の心を奪った。大陸での流行を知った中華民国政府の国民党はテレサ・テンの政治利用を画策した。大陸・福建省が目と鼻の先にある台湾領土の金門島から歌声を大音量で大陸に向かって流し、音楽テープなどを吊るした風船を飛ばした。反共宣伝工作だった。何やら、二〇一五年夏、北朝鮮の挑発に韓国が境界線で大音量スピーカーによる説示や歌を流したケースと同じではないか。

中国共産党政府は彼女の歌が「不健全である」「精神汚染を招く」などと理由づけし、テープの販売などを禁じた。歌は政治に巻き込まれる格好となった。その後の双方の関係改善から、テレサ・テンの音楽は中国で解禁となり、彼女が中国で歌う機会も生まれた。

とはいえ、中国の民主化を訴える彼女は天安門事件直前、香港で開かれた集会に参加し、歌った。歌詞は両親の故郷である大陸を思う内容だったが、中国政府批判にもつながるフレーズが込められていた。

人気抜群の天才歌手が、台湾政府の広告塔として利用され、また、中国の反発を招き、そして独裁国家を批判する歌を口ずさみながら短い生涯を閉じた。

影響力のある歌手だった。それだけに奇怪な噂も流布された。存命中に死亡情報が流れ、死去してからは謀殺説も語られた。「テレサ・テンは軍のスパイだった」は日本の大手日刊紙にも登場した。いずれも根拠は乏しく、今は病死説で落ち着いている（以上は有田芳生著『私の家は山の向こう』、ウィキペディアなどを参照した）。

「晩年はフランス、タイ、台湾と各国を移り住んだものの、結局自分の居場所が見つからなかった。自らを〝国際難民〟と称した生き方に、ひと昔前の外省人二世が陥るアイデンティティー・クライシスを感じてならない」（平野久美子著『トオサンの桜』）

3　淡水での出来事……淡水

水辺と夕陽が魅力の観光地

墓苑から台湾北部の海岸沿いを西に向かうと淡水の街が現れる。淡水は淡水河が東シナ海に注ぎ、水辺が魅力の観光地である。夕陽が美しく、老若男女が河畔の公園でその時間を待っている。台北からは地下鉄MRT（捷運）に乗れば、約四〇分で来られる。

かつて、この地を支配していたのはスペインだった。高台に紅毛城《こうもうじょう》という赤いレンガ造りの建物が頭を出している。手入れが行き届いた庭園と、夕陽が映える赤レンガ壁が美景をつくる。スペインの古城を模した造りだ。

城からMRTの終着である淡水駅に向かって河沿いに遊歩道がある。台湾の夏は暑い。三八度、四〇度になる。城に登る坂で陽にやられた見物客が河畔で涼を取り、途中で軽食を楽しみながら淡水駅方面まで歩き、駅前公園で夕陽を待つのが観光コースだ。

淡水でこんなことがあった。私事にわたるが紹介しよう。妻が友人三人と台湾を旅行し、淡水に行ったときの話だ。

四人は駅前からレンタル自転車で出発した。すぐに妻の自転車が転倒し、妻は道路に投げ出された。顔、腰、胸を打ち、顔から血を流し、横になったままの彼女に友人たちは気づかずに先に行ってしまった。すぐに女子高生や買い物中の主婦らが飛んできた。抱き起こし、ハンカチで血を拭い、「痛い所は？」と、懸命に救護してくれた。「救急車を呼びましょうか」「いえ、大丈夫です」。妻は中国語を話せないから急場が意思の疎通を可能にしたのだろう。淡水駅から駅員さんが担架を運んできて、「駅まで行きましょう」と言ってくれたが、妻は「もう、歩けますので大丈夫です」と言ったという。

旅の気張りもあったのだろう。起き上がり、友人と合流した妻は、その後、二日間の日程をこなし日本に帰った。すると顔のあざがみるみる鮮やかになり、病院に行くと、肋骨が折れていた。安堵の地でどっと力が抜けたようだ。

そのしばらくのち、取材で台湾に出掛けたついでに淡水に寄ってみた。駅事務室を訪ね「この前、妻が駅前で自転車で転んで怪我をして、お世話になったそうで、お礼をひと言と思いまして」と言うと、男性の駅員さんが「よく覚えていますよ。私が担架を運んだのです。駅長です。その後、大丈夫でしたか」「ありがとうございます。肋骨が折れていましたが、いまは痛みもなくなりました」。ていねいなあたたかい対応にますます感謝で胸いっぱいになった。

〈ミニ情報〉　灰色の街に色彩が

一九九一年春、私は北京生活を終え、帰国の途中、上海、香港に寄り、香港から再度大陸・広州に入り、香港に戻って、台湾に向かった。松山空港に夜半ごろ到着した。松山空港は当時の日本の地方空港のようにくすんでいた。

入国手続きを終えると目の前のロビーに旅館案内所が屋台方式で並び、昔の日本の温泉地の駅を思わせた。ここで旅館を頼み、教えてもらったバスでホテルに向かった。はじめての台湾である。

高級ホテルの圓山大飯店《まるやまだいはんてん》が小高い丘から灯りを放っているのが見えた。朱色の壮麗な建物だ。日本統治時代、総督府は台北北部の剣潭《けんたん》山に台湾の総鎮守として台湾神社を建立した。日本の敗戦、台湾退去後、蔣介石時代になって、台湾の神社はほとんど破壊された。台湾神社も蔣介石夫人・宋美齢《そうびれい》の権力行使で取り壊され、跡地にホテル建設が指示された。そこにできたのが圓山大飯店である。

翌日、目が覚めると街は灰色だった。一九八七（昭和六二）年の戒厳令解除から間もないころだ。古い家並み、砂利道を土埃と共に走る車、ランニングシャツ姿で所在なげに歩道をうろつく老人。地下鉄も新幹線（高鉄）もなければ、コンビニ、高層ビルもない。IT大国になる予兆などみじんも感じられなかった。

基隆に行こうと台北駅に向かったところ、ストで全線ストップしていた。公共交通機関はマヒ状態。総統になった李登輝は民主化策を打ち出したが、蔣介石時代に制定された「動員戡乱《かんらん》時期臨時条項」問題で揉めていた。「戡乱」は「鎮定」と訳せる。戒厳令体制を敷くことを可能にし、共産主義者対策を正当化した憲法の臨時条項だ。李登輝は民進党の運動などで条項を廃止したが、国家安全会議や国家安全局などの取り締まり組織を存続させた。その完全撤廃を求めて一九九一年四月、一〇万人規模のデモが行われた。李登輝は人権抑圧法を順次撤廃し、自由な言論を保障し、民主化政策を推し進め、暗黒時代に別れを告げさせた。ただ、国民党出身の李登輝には曖昧さも残っていた。

そんなわけで私の頭には台北の暗いイメージだけが残り、二度目はないだろうと思っていた。ところが、一八年後の二〇〇九年、還暦の祝いに子どもたちが台湾旅行に招待してくれたのだ。

街は様変わりしていた。高層ビルが林立し、地下鉄が縦横に延び、台湾新幹線が台北―高雄間を結び、台湾版シリコンバレーが誕生し、精気にあふれていた。外来政権の目を警戒していた人々の表情は、柔和で優しくなっていた。激しい変化を生き、急速に今日の発展を築いた台湾の人々。私の好奇心が首をもたげないわけはない。

第7章　文化・文物の宝庫

1　北投温泉と秋田玉川温泉……北投

温泉ビジネス・温泉文化

台北には語りきれない事象がまだいくつもある。最新台北事情を紹介する。

MRT淡水駅から台北方面に二〇分ほど乗ると北投《ほくとう》駅に着く。台北駅からは三〇分ほどだ。北投駅から支線が出ていて、次の駅が終点の新北投駅になる。北投温泉郷の入り口駅である。駅前には飲食店、お土産屋、コンビニなどが連なり、温泉旅館街の雰囲気に包まれる。

台湾では随所に温泉が湧き出ているが、多くは日本統治時代に風呂好きの日本人が開鑿したものだ。その一つが北投温泉で、台湾随一の泉質、湯量を誇っている。後背地に控える標高一〇〇〇メートルを超える大屯山《だいとんざん》火山群や陽明山《ようめいさん》から温泉が送り込まれているのだ。泉質は硫黄泉だが、青硫黄、白硫黄、鉄硫黄の三種が湧出し、貴重な北投石も産出されている。

もとは原住民、平埔族の集落地だった。豊富な硫黄資源が埋もれていたため、元《げん》朝、明朝時代から採掘され、交易品になっていた。オランダ、スペインもこれを見逃さず、平埔族と硫黄売買契約を交わし、淡水港から輸出する主要産品になった。

一八九四（明治二七）年、ドイツ商人が温泉湧出を確認し、効能の高さなどから、現温泉街とちょっと離れた旧北投エリアに入浴施設を建設した。ここに温泉ビジネスが始まり、同時に温泉文化が生まれた。

翌一八九五（明治二八）年、台湾は日本に割譲され、その翌年の一八九六年、大阪の商人が北投で最初の温泉旅館「天狗庵」を開き、温泉ブームに火をつけた。その後、旅館、公衆浴場などが相次いで開業した。今はＭＲＴ淡水信義線が北投駅から支線で新北投駅まで延び、現在の温泉街を形成している。かつては歓楽街的すぎると不評を買ったが、公娼制度の廃止により健全さを取り戻した。

北投温泉・瀧乃湯

新北投駅から温泉街に向けて緩やかな坂の散歩道を行くと温泉旅館、ホテルが並び始める。「熱海」という旅館もある。「吟松閣」は日本式木造旅館で、近くの「星乃湯」は孫文が入浴したとも言われている。

散歩道の森の中に北投温泉博物館がある。日本統治時代の公共浴場だ。かつて、台湾人が温泉での憩いを求め、自然湧出の湯に浸かり、露天の風呂を楽しんでいたが、安全面、衛生面に懸念があるとして、公共浴場が建設された。その一つがこの公共浴場で、のちにリニューアルされ、博物館になった。

博物館の職員が館内を案内してくれた。ローマ式とも思える大浴場。ステンドグラスには富士山が描かれている。休憩所のホールは畳敷きだ。歴史遺物、歴史写真なども陳列され、そのほとんどが日本とのかかわりを示す内容だった。案内の職員は「お風呂は展示物で、お湯はありません。在りし日の日本の浴場を見ていただくのです」と丁寧な保存を自慢した。

博物館からは「日勝生加賀屋《にっしょうせいかがや》」の大きな旅館が見える。石川県・能登《のと》半島の和倉《わくら》温泉にある「加賀屋」の系列店だ。加賀屋は毎年「プロが選ぶ日本のホテル・旅館100選」に選ばれている高級旅館だ。北投でも日本風サービスを展開しており、本家同様、和服姿の台湾人女性従業員が玄関前にずらりと並び、客を迎えている。宿泊も立ち寄り湯も安くはない。しかし、上品な和食、清潔な風呂、従業員のもてなしに魅かれ、台湾人のほか香港、中国、タイ、ベトナムなどからの利用客が「台湾の日本」を楽しんでいる。

北投渓という小川沿いをさらに行くと、ガジュマルの木に隠れるように「瀧乃湯」の看板が目に入る。日本風銭湯だ。かなり古い木造平屋建てである。男女出入り口の真ん中に番台があり、髭面の男性が座っている。入浴料とタオル代で二〇〇円ぐらいだった。

風呂場は大きな浴槽が二層に分かれ、温泉が掛け流しになっている。浴槽の上流部分は熱く、下流の浴槽はややぬるめだ。手拭いを浴槽に入れると、地元の古老から「湯船に手拭いを入れてはだめ」と言われる。こんなところにも日本式があった。

湯治場として

温泉街をさらに上ると地熱谷というエメラルドグリーンの池が見える。表面温度は一〇〇度。温泉街に温泉を送っている源泉だ。源泉は北投渓に注がれ、冷まされながら各所に引き込まれている。

ここでは世界的に珍しい北投石という鉱石が採取されている。北投石はラジウム、バリウム、ネオジウムなどの元素を多量に含む鉱物だ。放射線治療に応用できるという。温泉の沈殿物の結晶が渓流の成分要素などと複雑に反応し、北投石が形成されると説明書にある。

北投石と同質の鉱石は日本の秋田県玉川温泉にも見られる。確認されているのは世界でこの二ヵ所だという（他にも産出地はあるらしい）。玉川温泉はがん患者らの湯治場として知られる。私の知り合いの記者もがんを多発し、玉川温泉に通ったが、北投温泉でもこうした湯治客が多いという。その鉱石は乱掘、環境変化などで減少し、今は保護下に置かれている。

北投温泉から山ひとつ隔てたところに川湯温泉（行義路《ぎょうぎろ》温泉、紗帽山《サマオサン》温泉）という湯治場がある。MRT北投駅から台北に向かって三つ目の石牌《せきはい》という駅で降り、タクシーで二〇分ほど山を登ると見える温泉街だ。温泉街といっても、渓流沿いにひっそりとあり、隠れ家的な湯治場だ。

木造の仕舞屋風家屋は黒い板塀で統一され、日本の古都のような街並みだ。温泉入浴施設は三～四ヵ所ある。水着不要だから、解放感があり、渓流の音を聞きながら心地よく浸かれる。温泉街の通路は石畳でこれも風情がある。飲食店のカウンターには日本酒が置いてあり、温泉も酒も日本が愛されている。

「え、台湾人が温泉に浸かっているの？　え、裸で⁉」。横浜市内で中国語教室を開いている高雄出身の若い女性教師は驚いた。「台湾の家庭では淋浴と言ってシャワーです。浴槽のある家はあまりありません」。どうも台湾には、地域にもよるが、浴槽（浴池）に浸かる習慣はそれほどなさそうだ。北京生活の経験からいうと中国もそうだった。ホテルも浴槽がないところが多い。もっとも台湾では最近、日本人のためと思われるが、改修してユニットバスを設けているホテルが増えている。

日本統治時代に温泉療養、湯治がはやり、国民党時代にすたれ、そして今また温泉ブームにある。湯に身を沈める快楽、触れ合いの場の浮世風呂。しかし、水着派が主流だ。裸入浴にはまだまだ抵抗があるようだ。

湯船文化

台北近郊にはまだ温泉がある。烏来温泉郷だ。台北駅からＭＲＴ松山新店《しんてん》線で、終点の新店駅で降りる。ここからバスで四〇分、タクシーなら三〇分で烏来温泉郷に行ける。温泉街には南勢渓《ナンシーシー》という川が流れ、温泉旅館が川の縁にへばりついている。いずれも川面が見える浴槽をしつらえている。温泉街では食堂、土産物店、マッサージ店、屋台などが並び、観光バスでやって来た日本人、中国人の観光客がそぞろ歩きしている。

温泉街近くにトロッコ列車の駅があり、観光客を上流に運んでいる。お猿の電車のような乗り物だ。日本統治時代に木材運搬のために敷かれ、人力台車だったこともある。今は機械力で二〇分もかからず終点に着く。終点付近は原住民タイヤル族の地で、土産物店には彼らのつくる原色の布地、手工芸品が並んでいる。終点から南勢渓を渡るロープウェーが出ている。対岸の白糸の滝（烏来瀑布）を上から見ることができる。日本兵として志願したタイヤル族の高砂義勇隊の慰霊碑も建てられている。

このように台北近郊には温泉施設がたくさんある。台北のほかにも東海岸の知本温泉、西側中部の泥湯で知られる関子嶺《かんしれい》温泉、北端の海岸沿いの金山温泉など各所でお湯が湧いている。冷泉も出る。風呂好き、温泉好き日本人を凌駕するような湯船文化が台湾に生まれている。

2　難産の国立故宮博物院展……台北

台北の高級住宅地

「住まいですか？　天母《ティエンムー》のマンションです」。台湾人女性は自慢そうに答えた。「ここは憧れの住宅地だったのです。いつか住みたい街でした」

先ほどのMRT石牌駅から川湯温泉に向かう途中、天母という地区を通る。この天母にはアメリカンスクールや日本人学校ができ、外国人が多く住むようになり、台湾の富裕層も集まった。その後、マンションが建てられ、日本系列のデパート、ブティックなどが進出し、台北の高級住宅地に変貌した。

最近は淡水周辺の淡水河沿いにも高級マンションが出現している。かつてイギリス人茶商が烏龍茶の製造、輸出で大儲けし、豪邸が立ち並んだところである。今の台湾人の金持ちはごみごみした市街地のなかのマンションより、郊外のゆったりした空間と、水と緑に囲まれた生活に価値を見出している。

つい昔天母は蕃地もくげんじ（作句・頼天河、『台湾俳句歳時記』）

もくげんじ（木欒子）は台湾固有種の落葉高木。そんなものが生えていたところが今は高級住宅地という意味の揶揄《やゆ》である。かつて田んぼだらけだった東京の世田谷が高級住宅地になったのと同じだ。

台北の不動産事情

台北の不動産価格は高騰を続けている。中国の不動産バブルとは違うものの、台湾も所得水準の向上から好物件を求め、また、地方から都市に人口移動があり、賃貸、分譲ともに物件価格が上昇しているのだ。

台湾では不動産価格を「坪」単位で計算する。台北の一五坪のアパート、マンションなら約五〇平方メートルで2DKほどだ。場所にもよるが、台北市内では月額家賃が六、七万円以上はする。台北市内で分譲マンションを求めると、五〇〇〇万円以上が相場だという。一〇年前の倍というバブルぶりだ。大陸マネーによる不動産投資が価格を押し上げているとも言われる。

都市生活者は自宅で食事を作るより、外食で済ませることが多い。だから、自宅に台所がない家もある。若者、学生向けアパートにはほとんど厨房がない。こうしたアパートならワンルームで月家賃が二、三万円からという。これが台中、台南など地方都市に行くと、半額ぐらいになる。台北への人口集中がなせるところだ。

地下鉄MRT

MRT石牌駅から台北に向かうと、士林《しりん》駅、剣潭駅（士林夜市への最寄り駅）、圓山《まるやま》駅に至り、電車は高架路線から市街地の地下区間に入る。

ところで地下鉄のMRTとは、どんな乗り物なのか。MRTはMass Rapid Transitの略。地元では捷運と呼ばれている。台北には二〇年ほど前まで地下鉄はなかった。戒厳令解除後、民主化、経済政策が進展したため台北にはIT産業、金融業、商取引関係企業が集中し、人口が急増した。当然、交通網の整備が必要となり、市街地と近郊を結ぶ地下鉄路線の建設が計画されたというわけだ。

まず、一九九六年、市街から市南部の動物園に至る木柵《もくさく》線が開業し、翌年、淡水線、そしてメイン通りである忠孝東路、忠孝西路の下に板南《ばんなん》線が走るようになった。MRTは今や台北市内、近郊を縦横に結び、二〇一六年中に開通予定の機場線を入れると九路線（支線を含む）に一〇〇以上の駅ができている。各駅では四、五分おきに電車が発着し、初乗りは二〇元（約六〇円）である。オートバイ軍団の地下鉄利用を促す意図もあるようだ。

車両はスマートで車内は明るく、塵ひとつ落ちていない。車体は川崎重工業、ボンバルディア、シーメンス社製などだ。MRTは高雄にも建設され、市内を往来し、高鉄左営駅間を結んでいる。

海外への出展は慎重

そのMRT士林駅を最寄り駅とするのが国立故宮博物院である（士林駅からバス、タクシーで一〇～一五分）。こんもりとした森の傾斜地に建つ、重厚、壮麗な博物館だ。すべてを鑑賞するには一日がかりと言われる美術品の宝庫だ。入場料は一六〇元から値上げし、二〇一四年から二五〇元になった。海外からの団体観光客がガイドに率いられて次々と訪れ、鑑賞している。中国人が圧倒的に多いが、欧米人、日本人の姿も目立つ。

館内には中国歴代王朝の財宝である書、絵画、陶磁器、青銅器など、宋から清代までの六二万点が収蔵されている。皇帝のコレクションを中心とした、贅を尽くした芸術品を前に、訪れた人はため息しか出ない。なかでも「翠玉白菜《すいぎょくはくさい》」「肉形石《にくがたいし》」の造形や、王羲之《おうぎし》、蘇軾《そしょく》（蘇東坡《そとうば》）の書は人気だ。

「白菜」「肉」は特に日本人好みで、いつも陳列ケースの周りは日本人団体客で押し合いへし合いになる。いずれも写真で想像したより小さいが、自然石でできた色彩と彫刻の細工技術には目を見張ってしまう。収蔵品が多すぎるため、二〇一五年一二月、嘉義に南院が開館されている。

これらの文物は元々、中国・北京の紫禁城（故宮）に収蔵されていた。戦中、日本軍が大陸に侵攻し、中国は秘宝を守るため大陸南部の各地に避難させた。戦後、国共内戦が始まると、財宝は北京に戻れないまま、流浪した。最終的に南京《ナンキン》に集結していたようだが、国民党の敗色が濃くなると、蔣介石軍は鉄道、船を使って台湾に運んだ。

「大陸にあったら、文化大革命で破壊されていたかもしれない」と台湾文化関係者は言う。台湾に〝保護〟されていたから傷がつかなかったという結果評価の声だ。

しかし、中国側は「うちのものを盗み出した。返せ」と主張し、返還をめぐって中台で摩擦が生まれた。そのため台湾は大陸に奪われるかもしれないと、海外出展には慎重だった。

二〇一四年六月、日本で待望の「台北 国立故宮博物院展」が東京と九州で開催された。初の日本出展である。入場に長蛇の列ができた。なかでも、やはり、翠玉白菜、肉形石に人気が集中した。展覧会は成功裏に終わったが、幾多の難題を乗り越えての日本開催だったことを知る人は少ない。

台北駐日経済文化代表処・台湾文化センター長の朱文清さんはこう語っていた。

「最初に海外に出たのは一九六一年で、米国五大都市に出展されました。輸送には軍艦がつきそってくれたそうです。一九九一年にはコロンブスのアメリカ大陸発見五〇〇年行事で、ワシントンのナショナルギャラリーに展示されました。その後、フランス・パリ、ドイツ・ボン、オーストリア・ウィーンにも出展されています。日本開催が実現すれば、五番目の国になります。ただ、日本の場合は法律が未整備で……」

日本のマスコミ関係は一九六〇年代ごろから日本開催を求めて台湾に働きかけてきた。大入りになるのは間違いないからである。しかし、台湾にとっては〝大陸の脅威〟があった。「展示品を中国の差し押さえから守ってくれる法律が日本になければ出せない」と強奪を懸念し、貸し出しを渋ってきた。

その後、日本は中国と国交を樹立したため、台湾とは縁切り状態になった。だから、日本はそれ以上執拗に開催を求めなかった。中国に気を遣ったからだ。

一九九〇年代に入って、日本の各方面が開催要請を再燃させた。なかでも読売新聞系列などマスコミが熱心に動いた。しかし、台湾は日本の再三の要請に「文物を守ってくれる法律がなければ」と首を縦に振らなかった。法律とは、第三者による差し押さえを防ぐ条項である。仮に中国が輸送途上、あるいは開催地で美術品を〝領置〟し、引き渡しを請求する強制執行や仮処分を裁判所に提起すれば、中国が所有権を得る可能性がある。

英国、ドイツ、米国、ロシアなどは他国から収集（強奪、盗掘を含む）した美術品を多く自国の美術館、博物館に収蔵している。元の所有国が海外展示の際に差し押さえて返還請求訴訟を起こせば、財宝の命運は知れない。実際、オーストリアの国立美術館に収蔵されていた画家クリムトの作品は、ナチスが略奪したものであると、米国在住の遺族が訴訟を起こし、オーストリア裁判所はこれを認め、絵画は元の所有者側に返還された事例がある。

そこで各国は差し押さえを防ぐ法律を制定した。米国、イギリス、フランス、ドイツなどが先行した。法の保護の下で文物の無事帰着を保証できるようになったわけである。しかし、日本は未整備だった。台湾が渋った理由である。

「日本側から『総理の一筆でどうか』とか『中国大使館の保証で十分ではないか』と持ち掛けてきた人もいましたが、とんでもない。なんの保証にもなりません。法律が必要なのです。当時の駐日代表は新聞に投書してまで法整備を訴えたのです。そして、やっと法律ができ、今回の開催が可能になったのです」と朱さんは話す。

「海外から借り入れた美術品等の差押え等を禁止する法律」（海外美術品公開促進法）という日本の国内法が二〇一一年、国会で成立し、施行された。以降、日本開催に向けての協議はトントン拍子で進み、文物が日本に搬入された。それでも台湾側は搬入方法、搬入ルートを明かさないという慎重さだった。

台・中の文化交流

こうした中国との所有権問題も最近では事情に変化が生じている。台湾と中国で相互交流展が催されるようになったのだ。二〇〇九年、二つの故宮が初の共同展を台北側で開いた。北京側は三七点の収蔵品を出品した。二〇一一年には台北で「富春山居図《ふしゅんさんきょず》」の特別展を催した。元朝の水墨画家・黄公望《こうこうぼう》の名作とされる水墨画の展示である。これはかつて大小二つに分割された作品で、中台分断後、一つは台北の国立故宮博物院に、もう一つは中国・浙江省博物館に収蔵されていた。特別展で二作品が初めて合体し、富春山居図の本来の姿が再現された。

晴れて開催の運びとなった日本展。しかし、日本側の不手際から開催直前に悶着が生じた。展覧会のタイトルから「国立」が抜けていたのだ。正式名称は「台北　國立故宮博物院　神品至宝」展。事前の申し合わせでは宣伝ポスターやチケットなどにこの名称を用いることになっていた。しかし、いくつかのメディアの宣伝ポスターから「国立」の二字が抜けていた。新聞の事前報道でも「台北　故宮博物院―神品至宝」といった表記がいくつも見られた。中国に遠慮し、「国」扱いを避けたのだ。

台湾政府、博物院関係者は激怒した。台湾では聯合報などほとんどのメディアが「けしからん」と大きく報じた。展覧会は中止の雲行きとなった。日本メディア側は宣伝ポスターに「国立」の二文字を加えることで、かろうじて開催にこぎ着けた。会場となった東京国立博物館の銭《ぜに》谷真美《やまさみ》館長が開幕式で「ポスターなどにおける『台北 国立故宮博物院』の表記に関して、台湾の皆様方に大変不快な思いをおかけしました。お詫び申し上げます」と陳謝した。

3　迫害された人間国宝

台湾オペラ

台北の新店地区に住む廖瓊枝《りょうけいし》（リャウ・キィンキ）さんを取材した。廖瓊枝さんは台湾オペラの分野で人間国宝（重要伝統芸術歌仔戯保存者）の称号をもつ人だ。台湾オペラとは日本で言えば歌舞伎、中国で言えば京劇のような台湾の伝統芸能である。その踊り手、歌い手が廖瓊枝さんだ。台湾オペラは「歌仔戯」と書き、「ゴアヒ」と発音される。

廖瓊枝さんは一九三五（昭和一〇）年、基隆の貧しい家庭で生まれた。四歳のとき、母親が船旅中に事故で亡くなった。一三歳のころ、「靴が買えなかった。だから刺繍のある靴がもらえる」と劇団に入団した。そして生活のため各地を巡業して回り、芸を学んだ。次第に力をつけてきたが、日本統治末期にこうした上演は困難になった。

戦争が終わり、歌舞は解禁され、再度、歌仔戯に取り組んだものの、貧しさに変わりはなかった。結婚して四人の子どもができると、子連れで一座と流浪公演をした。その子どもの一人が先に触れた寒雲さんである。その後、廖瓊枝さんは離婚したが、芸を磨きつづけ、ついに演舞を芸術の域にまで高めたのだ。

ところが、国民党時代には「中国の京劇でなければ、文化にあらず」という空気が伝統芸能を支配、伝統的ゴアヒは冷遇されるはめに陥った。そんなこともあって気力を失った彼女は、舞台でも主役から脇役に回されるなど、辛酸をなめることになった。

取材時、八〇歳を超えた彼女はすべてを達観しているようだったが、当時については「悔しくて毎晩泣いていました。それでも、いつかはと歌い続けました」と語った。

冬は長くはなかった。伝統芸能を見直そうというムードが広がり、テレビ局から西太后の役が回ってきた。演技は反響を呼び、再浮上の契機となった。彼女が四〇代のころである。

一九八八年、蔣介石一族時代に代わって李登輝が総統に就任し、台湾伝統芸能を大切に保存し、育成しようという方針が打ち出された。ひたすら伝統芸能に打ち込んできた彼女は台湾の人間国宝第一号に認証された。

「ニューヨーク公演、日本公演などに出向いています。でも、もう自分で演じることは控えめにしようと思っています。弟子たちがいますから」

人間国宝・廖瓊枝さん

労苦を呑み込んだキリッとした顔立ち、端正な姿に、芸ひと筋の人生をうかがうことができた。二〇〇九年、日本で引退公演を披露し、今は後進の育成に励んでいる。しかし、出演要請は多く、二〇一六年秋には、浅草公会堂で演じた。

歌仔戯も指人形の布袋戯もそうだが、その道の達人による「いつか」という強い信念が復活の道を開いたのだ。

4　台湾に生きる日本

〝日本〟があふれている

「セブンに行く」と言えばセブン-イレブンのこと。米国生まれのコンビニ運営会社を日本が買収し、日本国内で爆発的な広がりを見せ、台湾にも進出した。あの看板は台湾のどこでも目につく。異国情緒を減殺させるが、台湾ではいまや不可欠の便利店となっている。ファミリーマート（全家）も随所に展開している。ローソンの看板はあまり見かけない。

セブンには月桂冠、大関などの日本酒が置かれている。日本からの輸入品だから、ワンカップ大関が一〇〇元（三〇〇円）とやや高い。日本統治時代に日本酒造りが試みられ、今でも台北近郊の桃園県林口にある酒造会社が「玉泉」という清酒を製造している。辛口だ。この暑い地域で

台北101ビル

清酒造りが営まれているのは、半世紀にわたる日本統治時代の名残りだろうか。

台北では「新光三越」「太平洋ＳＯＧＯ」などのデパートやスーパーに日本酒、それも地酒まで並んでいる。食品売り場を覗くと半分以上は日本製品だ。調味料、インスタントラーメン、スナック、お菓子など、日本語文字ばかり。生鮮食品はさすがにないだろうとみると、北海道産のホタテとか松阪牛などが冷蔵陳列されている。

台湾の若い人たちはお酒、たばこをあまりたしなまない（ただし、宴会では大量飲酒する）。お年寄りたちは路傍での歓談、お茶タイム、囲碁クラブなどでお酒片手にたばこをふかしている。たばこのパッケージは喫煙による健康障害に対する警告がグロテスクだ。黒くなった歯、膨らんだ乳房、早産しかねない胎児の写真が印刷されている。ホテルは全館禁煙がほとんど。台北シェラトンホテルもタクシー乗り場の前に灰皿が一つあるだけだ。台北の歩道にはしばらく前までいっぱい灰皿が並んでいたが、あっという間に撤去されてしまった。良かれとしたことは一挙にやる。台湾の合理主義的一面だ。

台湾には原発、食品、文学や芸術からサブカルチャー、コンビニまで〝日本〟が流入している。車はほとんどがトヨタだ。フードコートでは日本のチェーン店に長蛇の列ができる。日の丸マークがあふれている。

台北の官公庁、ビジネス街に大型書店の「誠品書店」がある。ビル丸ごとの大きな本屋だ。この日本書籍コーナーは充実している。日本の最新の文芸作品や音楽、芸術関係の本が並んでいる。ゆったりした店内で椅子に座り、日本の小説を読みふけっている台湾人。

台湾人は日本が好きなのだ。蔣介石時代の禁忌が解け、日本の技術、文化に憧れ、統治時代の郷愁とともに日本を取り込むようになったのだろう。

台北在住作家・片倉佳史《かたくらよしふみ》さんに台湾の流儀について聞いた。片倉さんは一九六九（昭和四四）年生まれ。神奈川県出身で早稲田大学卒。ベネッセコーポレーションに就職し、出版部に勤務した。旅行が好きで、アジア諸国や中南米などに行っているうちに、広い世界を見たいと会社を辞め、渡台した。

以下は片倉さんの話である。

台湾人の行動要素

中国に行って香港から台北に入ったのですが、全く知らない土地でした。右も左もわからないなか、お年寄りがいろいろ助けてくれました。それも日本語でです。でも、日本統治時代のことを聞くと口をつぐんでしまう。なぜなのか。台湾に興味を持ちました。

関心が昂じて台湾にのめり込み、現地から発信しようと一九年前、台北に移住し、二〇一一年に永住権をもらいました。

台湾人には三つの行動要素があると思います。まず、他人に声を掛けることです。向こうから語りかけてくるからです。情報を共有したいのですね。戒厳令時代を経験していますから、信頼できる人と話ができ、声を掛け合うことで〝自由〟を確認できるからだと思います。

二つ目は、台湾人の合理主義。歩道と車道の段差をなくす工事を一年でやり遂げました。いいと思うことはすぐやってしまうのです。

台湾在住作家・片倉佳史さん

三つ目は行動パターンにブレがないことです。東日本大震災のとき、おカネがある人は大きな寄付を、ない人はそれなりの寄付をするのです。自らをわきまえた行動があるようです。

台湾経済は観光を主軸に成り立っていると思います。日本に来る外国人は二〇一四年現在、年間一三〇〇万人です（二〇一五年度は二〇〇〇万人超）。一方、九州ほどの島の台湾を訪れた外国人は二〇一五年、一〇〇〇万人を突破しました。そして台湾から海外に行く台湾人も一〇〇〇万人を超えています。台湾の人口は二三〇〇万人ですよ。

日本から台湾に行った人は二〇一四年で一六〇万人、台湾から日本に来た人は三〇〇万人に達しています。今や台湾は東西南北の交差点なのかもしれません。

台湾は世界に開かれ、また、台湾人は世界に関心を抱いています。これは戒厳令、白色テロの時代の反動でもありますね。

ビジネス、経済で考えると、もう日本が対象ではなく、だいぶ前から中国にシフトしています。経済運営のアンテナは世界を探り、資本、技術、人が各国に渡っています。

一方、台湾には日本統治時代の遺構が多く残り、それが魅力で訪れる日本人が多くなっています。台南駅舎は上野駅舎に少し似ています。一九三六（昭和一一）年の竣工で、当時流行したコロニアル風建築です。中国・大連、韓国・釜山、日本・神戸なども同様です。

高雄の旧駅舎は帝冠様式と呼ばれるもので、構造は近代建築ですが、瓦屋根をいただいています。これは国威発揚を意識したものとされています。駅舎に限らず、日本の面影は随所に残されています。

台湾は長い間、自分たちの歴史を持つことを許されませんでした。外来政権に翻弄されてきたからです。今は民主化路線、自由な時代になりましたが、日本はまだ台湾を一国として認めていません。今後、いかに「国家」をつくり上げていくべきなのか、激しい議論が交わされています。中国との距離感、かかわり方を含め、揺れ動いている現状があります。

〈ミニ情報〉　歴史凝縮の芝山巌

台北北部に教育の聖地とされる芝山巌《しざんがん》（芝山岩とも記す）という小高い丘がある。台北駅からMRTで二〇分前後の芝山駅で下車し、歩いて二〇分ほどで芝山公園に至る。樹木が茂り、小鳥が鳴き、都会の喧騒もなく市民の憩いの場となっている。標高五二メートルの頂はそれほどの高さではないが、急峻な階段を登らなければならない。

ここにも血塗られた歴史があった。「芝山巌事件」。一八九五（明治二八）年、日本が台湾統治に入って直後、教育家の伊沢修二《いざわしゅうじ》（弟多喜男《たきお》はのちの台湾総督、甥は劇作家の飯沢匡《ただす》）が台湾人への日本語教育の必要性を説き、台湾に派遣された。日本から優秀な七人の教師を集め、芝山巌の恵済宮《けいさいぐう》という廟内の一角を借りて芝山巌学堂を開き、のち「国語伝習所」とした。

地元の子弟が徐々に増えてきたころの一八九六（明治二九）年一月、抗日勢力が学堂を襲った。教師らは諄々と説諭したものの聞き入れられず、六人の教師が殺害された。植民地統治教育の始まりの年の事件だった。日本人も台湾人子弟もショックを受けた。

殉職者となった「六氏先生《ろくしせんせい》」。学堂そばに六氏先生の墓や芝山巌神社、学務官僚遭難之碑が建立された。

こうした教育への取り組みが、その後、台湾学童の就学率を九〇パーセント以上に押し上げたとされる。教育成果は経済発展の大きな原動力となったはずだ。六氏先生は「芝山巌精神」として台湾人の記憶に残り、一帯は「教育の聖地」と呼ばれるようになった。

しかし、戦後、国民党は敵性遺産として神社を破壊し、碑を倒し、かつての学堂周辺は荒れるにまかせ放置された。六氏先生の遺骨は恵済宮の住職が密かに移し、守ったという。

民主化の波が訪れた一九九〇年代以降、墓や遭難之碑は復元、再建立され、国語伝習所は今、士林国民小学校となってその精神が引き継がれている。

公園を歩くと、遊歩道から外側に一〇メートルほど離れた林の中に、隠れるように六氏先生の墓碑があった。殉難教師の名が刻まれている。墓碑の周りは苔が厚く覆い、墓前で手を合わせるスペースはない。遊歩道の案内板には「地質教室」とだけ書かれていた。特有の岩盤、化石出土の説明で、事件についての説明はない。その先に学務官僚遭難之碑が真新しい状態で建てられている。

さらに近くに「芝山巌事件記念碑」が目に入る。こちらは蒋介石時代に建立された碑で、六氏先生を襲った地元民を「匪徒《ひと》」ではなく「義民」として祀っている。不思議はここにも凝縮されている。翻弄された過去が教えた融和を貴ぶ合理主義の表れか。

六氏先生の墓

丘の中腹にある恵済宮。仏教、道教、儒教が合一した廟だが、時代ごとに役割は変転してきた。建廟されたのは一七五二年、清の乾隆帝のころだ。この地にやって来た大陸南方の漳州からの移民を守護するためだった。

恵済宮の寺務所で執務する王俊凱さんに話を聞くことができた。なんと日本教師が教えていた学堂は本殿の後ろにあると言う。本殿の裏手に回ると、そこには二〇畳ほどの部屋があった。王さんは「ここが教室でした」と言う。今は何かの神さまが鎮座している部屋だが、「あの先生たちはここで教鞭を執っていたのです」。同じ裏手で「これを見てください。学堂開校一〇周年を記念した碑と竜の図、それに池です。当時のままです」。事件後も遺志は継がれていたのだ。

王さんはこうもつけ加えた。「ここから発せられた学務の精神は今も台湾に生きています。現在も日本の西の方から日本人が参観にやって来ます。山口県、熊本県の教育関係者です。熊本の方はくまモンを随行して来ました」

事件は風化し、歴史のなかにあるのかもしれない。しかし、保存された遺跡には「日本」が如実に刻み込まれていた。そして、「敵味方なし」を是とする台湾人の思いも伝わってきた。

おわりに

『台湾人生』という日本映画をＤＶＤで観た。酒井充子《さかいあつこ》監督作品で、台湾のお年寄りにインタビューしている。いずれのお年寄りも日本語が達者で、日本統治時代を懐かしみながらも、ときには日本に反発する。敗戦により日本が撤収し、国民党による白色テロ時代が始まる。「なぜ、日本は黙って帰ってしまったのか」「日本に捨てられ、孤児になってしまった」と漏らす。ぐさりときたのが、「日本のために日本人として戦争に志願して行った。それが誇りだった。懸命に戦った。しかし、日本からご苦労さんのひと言がなかった」のことばだった。

オランダ、スペイン、明朝、清朝、日本、中華民国と宗主国はくるくると変わり、そのうえ中華人民共和国の覇権が忍び寄る。片倉さんが言うように「台湾には自分の歴史がなかった」のである。

日本は戦争責任を澱《おり》のように引きずっているが、植民地支配の責任はどう考えているのであろうか。「統治は植民地のためになった」「欧米列強と違い、収奪が目的ではなく内地延長主義を貫いた」からとでも考えているのだろうか。二〇一五年一二月、日韓が従軍慰安婦問題の解決で合意した。日韓の動向を見ていた台湾は自国にも四人の元慰安婦が存命していることから、日本に協議を求める要請をした。被支配国に傷はまだ疼いている。

『「台湾万葉集」物語』を編纂した孤蓬万里《こほうばんり》さん（本名・呉建堂）は著書の巻頭でこう記している。「植民地統治としては朝鮮に比べて比較的成功したと日本の歴史家は書いているらしいが、道徳的に植民地統治は無条件に指弾されるべきものである」

植民地、外来政権時代を脱した台湾は大きく飛躍している。中国、日本、韓国、東南アジア諸国との関係も密なものになっている。しかし、最大の懸念は中国の「一つの中国」主張だ。多くの台湾人は「台湾は台湾人へ」と訴え、大半が統一に反対し、現状維持を求めている。それであっても中国の観光客が落とすカネ、中国との経済関係は無視できない状況にある。新政権は実利を取るのか自存に胸を張るのか正念場だ。

独立も統一も夢蓬萊の民に幸福何時なんぞ来る

孤蓬さんの歌だ。

不安定な安定にある台湾。それでも台北の原宿と呼ばれる永康街《ヨンカンジエ》では日本人女性がマンゴーかき氷をつつき、有名小籠包の店には日本人団体客が長蛇の列をなす。台湾の若者は日本のアイドル歌手とファッションに夢中で、「台湾人要出頭天」という台湾人の存在を主張する標語を忘れているかに見える。今の平和、平穏があれば「よし」としているのだろうか。

不思議な国だと感懐する。

二〇一六年、総統選に続いて台湾関連の大きなニュースが飛び込んできた。まず、台湾南部地震。二〇一六年二月六日未明、南部をマグニチュード六・四が襲った。震源は高雄市近郊の美濃地区。客家の集落地だ。揺れは台南に甚大な被害を与えた。高層マンションが倒れたからだ。多くの住民が閉じ込められ、死亡した。日本は阪神・淡路大震災や東日本大震災で台湾から多大な援助を受けた。恩返しのときだ。東北の被災地は相次いで義捐金を募り、医師や看護師を派遣した。日本政府も調査隊を編成し、救援態勢を敷いた。一億円規模の政府援助も決定した。日本が造った台湾新幹線。地震発生当日こそ運転を見合わせたが、架線に影響が出た程度で、翌日には復旧し、全線で運転を再開した。台湾新幹線は屈強だった。

次はシャープ案件。過剰投資で経営が悪化し、再建策を求めていたシャープに対し、台湾の電子機器大手の鴻海《ホンハイ》精密工業が支援買収を申し出た。出資額は四〇〇〇億円。もちろんビジネスだから親日支援だけではない。シャープの液晶技術力とブランド力を自社展開に生かすのが目的だ。それでも、危機に陥った日本企業に巨額資金を投ずるのは、日本の技術がまだ頼りになるからであろう。

台湾と日本におけるのっぴきならない関係がいまも継承されている。そんなことを実感させる出来事だった。

執筆に当たって多くの台湾、日本の関係者にお世話になった。先達の著書も参考にさせていただいた。担当の講談社・今橋みちるさんにはいくつものアドバイスをいただき、感謝している。

村串栄一《むらくしえいいち》

二〇一六年秋

【歴史年表】

（和暦表記で明治、大正、昭和以外は省いた）

年代不明　先史時代からか不明だが、東南アジア、あるいは南洋諸島からか、原住民の祖先が台湾に生活拠点を築いた。中国大陸南部からの漢族はその後、漁撈、商取引などのため台湾にやって来たとされる。

1544年　ポルトガル船が台湾島を通りかかり、西欧人の目で台湾を「フォルモサ（美麗島）」と表現。

1593年　豊臣秀吉が台湾支配を試みる。

1624年　東インド会社のオランダが、澎湖諸島占領のあと、台湾本島に上陸。

1626年　スペインが基隆、淡水など台湾北部に侵攻。

1661年　明王朝の鄭成功がオランダを駆逐し、統治に入る。

1684年　鄭政権が崩壊し、清朝が支配して属国に。

1871（明治4）年　牡丹社事件。宮古島島民が清朝に冊封しようと向かったが、船は台湾南部に漂着し、原住民に殺害される。

1874（明治7）年　牡丹社事件で日本は最初の台湾出兵。清朝に責任を迫る。

1895（明治28）年　日清戦争に敗れた清が台湾を日本に割譲。

1898（明治31）年　児玉源太郎が総督、後藤新平が民政局長（のち民政長官）として派遣され、本格統治、基盤整備が始まる。

1907（明治40）年　北埔事件。客家人による抗日反乱。

1908（明治41）年　南北縦貫鉄道が開通。

1911―12（明治44―45）年　孫文らによる辛亥革命で清朝が倒れ、中華民国に。

1915（大正4）年　西来庵事件。

1921（大正10）年　台湾文化協会設立。台湾の自主を目指し、講演活動を展開。

1922（大正11）年　台南水道が竣工。このころ、日本の統治初期から計画された上下水道建設が主要都市で整備された。

1930（昭和5）年　霧社事件勃発。

八田與一らによる烏山頭ダムが完成。

1944（昭和19）年　日本が徴兵制を実施。

1945（昭和20）年　日本の敗戦。

1947（昭和22）年　228事件。日本に代わって台湾統治に入った国民党政府が、市民運動の台湾人およそ3万人を殺害した。

1949（昭和24）年　国共内戦に敗れた国民党が台湾に大挙押し寄せ、全土に戒厳令を施行。

1975（昭和50）年　蔣介石死去。

1987（昭和62）年　戒厳令を解除。
1988（昭和63）年　蔣経国の死去に伴い李登輝が総統に就任。民主化の動きに。
1996年　初の総統直接選挙で李登輝が当選。中国が選挙前にミサイル発射訓練で恫喝。
2000年　民進党・陳水扁が総統に。
2007年　台湾新幹線開業。
2008年　国民党・馬英九が総統に。
2014年　ひまわり運動。学生らが国会（立法院）を占拠。「海峡両岸サービス貿易協定」の締結による中国支配に危機感を募らせた行動。
2015年　国民党・馬英九総統と中国・習近平国家主席が分断後、66年ぶりに首脳会談。「一つの中国」を確認。
2016年　総統選で野党・民進党の蔡英文が当選。自主自存を掲げる。

（写真　第４章「漂着日本兵の慰霊祭」を除き、いずれも筆者撮影）

村串栄一
ジャーナリスト。1948年、静岡県生まれ。明治大学政経学部卒業後、中日新聞社に入社。中日新聞東京本社（東京新聞）管内の首都圏の支局勤務を経て東京本社編集局社会部に。司法記者クラブ、国税庁記者クラブ、JR記者クラブなどを担当。司法記者クラブキャップ、事件遊軍キャップ、社会部デスクなどを歴任。特報部デスク、写真部長、北陸本社編集局次長などを経て東京本社編集局編集委員で定年退職。引き続き特別嘱託として編集委員を務め、2013年暮れに完全退職。『検察秘録』（光文社）など著書多数。月刊「文藝春秋」をはじめとする雑誌にも特捜摘発事件、検察不祥事、司法制度などを中心に論考を寄せている。

講談社+α《プラスアルファ》新書　751-1 C

台湾《たいわん》で見《み》つけた、日本人《にほんじん》が忘《わす》れた「日本《にほん》」

村串栄一《むらくしえいいち》 ©Eiichi Murakushi 2016

2016年12月20日第1刷発行

発行者―――鈴木 哲
発行所―――株式会社 講談社
東京都文京区音羽2-12-21 〒112-8001
電話 編集(03)5395-3522
販売(03)5395-4415
業務(03)5395-3615

カバー写真―――gettyimages
デザイン―――鈴木成一デザイン室
カバー印刷―――共同印刷株式会社
印刷―――豊国印刷株式会社
製本―――牧製本印刷株式会社
本文データ制作―――講談社デジタル製作

定価はカバーに表示してあります。
落丁本・乱丁本は購入書店名を明記のうえ、小社業務あてにお送りください。
送料は小社負担にてお取り替えします。
なお、この本の内容についてのお問い合わせは第一事業局企画部「＋α新書」あてにお願いいたします。

Printed in Japan
ISBN978-4-06-272970-3

講談社＋α新書

書名	著者	内容	価格	番号
退職金バカ　50歳から資産を殖やす人、沈む人	中野晴啓	定年がゴールという思考停止が老後破産の元。金融・人的資産の積み立てで50歳から大逆転！	800円	665-2 C
万病を予防する「いいふくらはぎ」の作り方	大内晃一	揉むだけじゃダメ！　身体の内と外から血流・気の流れを改善し健康になる決定版メソッド!!	800円	666-1 B
なぜ世界でいま、「ハゲ」がクールなのか	福本容子	カリスマCEOから政治家、スターまで、今や皆ボウズファッション。新ムーブメントに迫る	840円	667-1 A
2020年日本から米軍はいなくなる	飯柴智亮　聞き手・小峯隆生	米軍は中国軍の戦力を冷静に分析し、冷酷に撤退する。それこそが米軍のものの考え方	800円	668-1 C
金の切れ目で　日本から本当に米軍はいなくなる	飯柴智亮　聞き手・小峯隆生	ビジネスとしての在日米軍をめぐる驚愕のシミュレーション。またしても「黒船」がやってきた！	800円	668-2 C
テレビに映る北朝鮮の98%は嘘である　よど号ハイジャック犯と見た真実の裏側	椎野礼仁	よど号ハイジャック犯と共に5回取材した平壌…煌やかに変貌した街のテレビに映らない嘘!?	840円	669-1 C
50歳を超えたらもう年をとらない46の法則　「新しい大人」という50+《フィフティプラス》世代はビジネスの宝庫	阪本節郎	「オジサン」と呼びかけられても、自分のこととは気づかないシニアが急増のワケに迫る！	880円	670-1 D
常識はずれの増客術	中村元	資金がない、売りがない、場所が悪い……崖っぷちの水族館を、集客15倍増にした成功の秘訣	840円	671-1 C
イギリス人アナリスト日本の国宝を守る　雇用400万人、GDP8パーセント成長への提言	デービッド・アトキンソン	日本再生へ、青い目の裏千家が四百万人の雇用創出と二兆九千億円の経済効果を発掘する！	840円	672-1 C
イギリス人アナリストだからわかった日本の「強み」「弱み」	デービッド・アトキンソン	日本が誇るべきは「おもてなし」より「やわらか頭」！　はじめて読む本当に日本のためになる本!!	840円	672-2 C
三浦雄一郎の肉体と心　80歳でエベレストに登る7つの秘密	大城和恵	日本初の国際山岳医が徹底解剖!!　普段はメタボ…「年寄りの半日仕事」で夢を実現する方法!!	840円	673-1 B

表示価格はすべて本体価格（税別）です。本体価格は変更することがあります

講談社＋α新書

巡航ミサイル1000億円で中国も北朝鮮も怖くない　北村　淳
世界最強の巡航ミサイルでアジアの最強国に!! 中国と北朝鮮の核を無力化し「永久平和」を!
920円 687-1 C

私は15キロ痩せるのも太るのも簡単だ! クワバラ式体重管理メソッド　桑原弘樹
ミスワールドやトップアスリート100人も実践!! 体重を半年間で30キロ自在に変動させる方法!
840円 688-1 B

「カロリーゼロ」はかえって太る!　大西睦子
ハーバード最新研究でわかった「肥満・糖質・酒」の新常識! 低炭水化物ビールに要注意!!
800円 689-1 B

銀座・資本論 21世紀の幸福な「商売《あきない》」とはなにか?　渡辺　新
マルクスもピケティもていねいでこまめな銀座の商いの流儀を知ればビックリするハズ!?
840円 690-1 C

「持たない」で儲ける会社 現場に転がっていたゼロベースの成功戦略　西村克己
ビジネス戦略をわかりやすい解説で実践まで導く著者が、39の実例からビジネス脳を刺激する
840円 692-1 C

LGBT初級講座 **まずは、ゲイの友だちをつくりなさい**　松中　権
バレないチカラ、盛るチカラ、二股力、座持ち力…ゲイ能力を身につければあなたも超ハッピーに
840円 693-1 A

医者任せが命を縮める **ムダながん治療を受けない64の知恵**　小野寺時夫
「先生にお任せします」は禁句! 無謀な手術、抗がん剤の乱用で苦しむ患者を救う福音書!
840円 694-1 B

「悪い脂が消える体」のつくり方 肉をどんどん食べて100歳まで元気に生きる　吉川敏一
脂っこい肉などを食べることが悪いのではない、それを体内で酸化させなければ、元気で長生き
840円 695-1 B

2枚目の名刺　未来を変える働き方　米倉誠一郎
イノベーション研究の第一人者が贈る新機軸!! 名刺からはじめる〝寄り道的働き方〟のススメ
840円 696-1 C

ローマ法王に米を食べさせた男 過疎の村を救ったスーパー公務員は何をしたか?　高野誠鮮
ローマ法王、木村秋則、NASA、首相も味方にして限界集落から脱却させた公務員の活躍!
890円 697-1 C

格差社会で金持ちこそが滅びる　ルディー和子
人類の起源、国際慣習から「常識のウソ」を突き真の成功法則と日本人像を提言する画期的一冊
840円 698-1 C

表示価格はすべて本体価格（税別）です。本体価格は変更することがあります

講談社＋α新書

天才のノート術 連想が連想を呼ぶマインドマップ®〈内山式〉超思考法
内山雅人
ノートの使い方を変えれば人生が変わる。マインドマップを活用した思考術を第一人者が教示
880円 699-1 C

イスラム聖戦テロの脅威 日本はジハード主義と闘えるのか
松本光弘
どうなるイスラム国。外事警察の司令塔の情報分析。佐藤優、高橋和夫、福田和也各氏絶賛！
920円 700-1 C

悲しみを抱きしめて 御巣鷹・日航機墜落事故の30年
西村匡史
悲劇の事故から30年。深い悲しみの果てに遺族たちが摑んだ一筋の希望とは。涙と感動の物語
890円 701-1 A

フランス人は人生を三分割して味わい尽くす
吉村葉子
フランス人と日本人のいいとこ取りで暮らせたら、人生はこんなに豊かで楽しくなる！
800円 702-1 A

専業主婦で儲ける！ サラリーマン家計を破綻から救う世界一シンプルな方法
井戸美枝
「103万円の壁」に騙されるな。夫の給料UP、節約、資産運用より早く確実な生き残り術
840円 703-1 D

75・5%の人が性格を変えて成功できる 心理学×統計学「ディグラム性格診断」が明かす〈あなたの真実〉
木原誠太郎×ディグラム・ラボ
怖いほど当たると話題のディグラムで性格タイプ別に行動を変えれば人生はみんなうまくいく
880円 704-1 A

10歳若返る！ トウガラシを食べて体をねじるダイエット健康法
松井薫
美魔女も実践して若返り、血流が大幅に向上!! 脂肪を燃やしながら体の内側から健康になる!!
840円 708-1 B

「絶対ダマされない人」ほどダマされる
多田文明
「こちらは消費生活センターです」「郵便局です」……ウッカリ信じたらあなたもすぐエジキに！
840円 705-1 C

熟成・希少部位・塊焼き 日本の宝・和牛の真髄を食らい尽くす
千葉祐士
牛と育ち、肉フェス連覇を果たした著者が明かす、和牛の美味しさの本当の基準とランキング
880円 706-1 B

金魚はすごい
吉田信行
かわいくて綺麗なだけが金魚じゃない。金魚が「面白深く分かる本」金魚ってこんなにすごい！
840円 707-1 D

なぜヒラリー・クリントンを大統領にしないのか？
佐藤則男
グローバルパワー低下、内なる分断、ジェンダー対立。NY発、大混戦の米大統領選挙の真相。
880円 709-1 C

表示価格はすべて本体価格（税別）です。本体価格は変更することがあります